本书是教育部人文社会科学重点研究基地南京大学中华民国史研究中心课题（17JJD770008）的阶段成果之一

“十三五”国家重点出版物出版规划项目

“中国工业遗产故事”丛书

丛书主编　刘伯英　周大亚

轮船招商局故事

李　玉　著

南京出版传媒集团
南京出版社

图书在版编目（CIP）数据

轮船招商局故事 / 李玉著. -- 南京：南京出版社，2020.12

（中国工业遗产故事丛书 / 刘伯英，周大亚主编）

ISBN 978-7-5533-3058-7

Ⅰ.①轮… Ⅱ.①李… Ⅲ.①轮船招商局－史料－中国－青少年读物 Ⅳ.①F552.9-49

中国版本图书馆CIP数据核字（2020）第225402号

丛 书 名 中国工业遗产故事
丛书主编 刘伯英　周大亚
书　　名 轮船招商局故事
作　　者 李　玉
出版发行 南京出版传媒集团
南 京 出 版 社

社址：南京市太平门街53号　　邮编：210016
网址：http://www.njcbs.cn　　电子信箱：njcbs1988@163.com
联系电话：025-83283893、83283864（营销）　025-83112257（编务）

出 版 人 项晓宁
出 品 人 卢海鸣
责任编辑 徐　智
封面设计 张　淼
版式设计 王　俊
责任印制 杨福彬

制　　版 南京新华丰制版有限公司
印　　刷 江苏扬中印刷有限公司
开　　本 787毫米×1092毫米　1/32
印　　张 4.875
字　　数 80千
版　　次 2020年12月第1版
印　　次 2020年12月第1次印刷
书　　号 ISBN 978-7-5533-3058-7
定　　价 28.00元

南京出版社
图书专营店

总 序

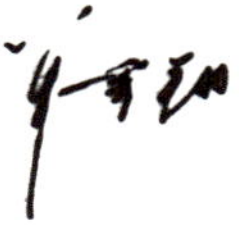

在众多的文化遗产中，“工业遗产”是一个年轻的类型。工业遗产是工业时代形成的遗产，自从18世纪60年代以蒸汽机为代表的第一次工业革命在英国爆发以来，工业文明虽然只有短短的三四百年历史，但在人类文明的发展史上，工业文明所创造的财富和对世界以及人类生活的影响，都远远超过之前几千年的总和。经过多年的开采、生产、运行，有些矿山、工厂、仓库、烟囱、管道、铁路、码头等已经失去了生产功能，但作为纪念物被保留了下来；同时还有些机器、车辆、工具、仪器、图纸、档案、照片、产品、服装等也一起保留下来，成为工业文明的历史见证和记录。

我们衡量文化遗产一般采用“历史、艺术和科学价值”这三大价值作为标准，而工业遗产在具有文化遗产的普遍特征的同时，还具有一些特殊的价值。一般来说，工业遗产具有历史、社会、建筑和科技、审美等多重价值。它与其他文化遗产的区别就是技术价值。工业遗产见证了科学技术对于工业发展所做出的突出贡献，表现在工厂矿山的选址规划、建（构）筑物的施工建设、机械设备的设计安装、生产工具的改进、工艺流程的设计布置和产品的更新等方面。从工业遗产中我们可以清晰地看到技术进步的脉络，其中既有创新、改进，当然也有失败或者弯路，这些都为后人提供了可供借鉴的经验或者教训。由于工业遗产可以直观地反映出人类社会发展的这一重要过程，工业遗产成为我们社会发展不可或缺的物证。

当你走进我国各地的博物馆，看到最多的是什么？是青铜器、陶瓷、丝绸、书画、金银玉器等精美的手工艺品，我国悠久的农业社会文明，为世界贡献了数不清、看不尽的文化瑰宝，使参观者瞬间满怀文化自豪感。从本质上说，这些都是农业时代的遗存，代表的只是我们国家在农业时代创造的文明、对世界文明发展的贡献。可是你却很少能够在我国博物馆中看到数量、规模能与上述这些农业文明时代的文化遗存相当的工业遗产。尽管工业时代是离我们最近的历史时期，工业文明创造了巨大财富，对世界以及人类生活产生了深远影响，但我们似乎忘记了给它在博物馆中留出应有的位置。

工业遗产对生活在当下或者未来的人有什么意义呢？我们说，工业遗产具有纪念、教育、文化或象征的意义。

我国工业化以来，形成了许多新的城市。例如，哈尔滨、长春、郑州、石家庄是火车轮子拉来的城市，上海、大连、青岛、秦皇岛是港口通航形成的城市，唐山、鞍山、玉门、大庆、平顶山、萍乡是矿山开采形成的城市。矿山、工厂、井架、火车头、港口是这些城市的历史符号，是老一辈人抹不去的记忆，很多家庭连续几代都在一家厂矿中工作，这些厂矿是城市的“源”，也是文化的“脉”，更是市民的“根”。

由于中国工业社会时代开始的时间晚于欧美，人们对工业遗产保护的认识需要一个接受的过程。随着城市化步伐的逐步加快，对工业遗产在拆与保、遗弃与利用之间存在着激烈的碰撞。这种碰撞不仅存在于个别地区，而且普遍存在于具有工业遗产资源的众多城市。近年来，我国伴随城市规划布局及产业结构的调整，过去的工业区大多变成了中心区，工业外迁的步伐加快，出现了大量的工业遗产。如何评估这些遗产并将其妥善保护、永续利用，已成为文化遗产保护领域一个极为紧迫的问题。

令人欣慰的是，许多具有远见卓识的地方政府，在大力推进当地经济社会可持续发展的进程中，重视工业遗产的保护，取得了令人称道的成绩。在对工业遗产保护逐渐形成共识的形势下，一批工业遗产得到了积极保护和合理利用。同时，我们也必须注意到，尽管近年来一部分工业遗产开始被列入保护之列，但是受法律保护的工业遗产项目仅占应纳入保护内容中的很小一部分。还有很多城市，特别是一些传统工业城市，还未将工业遗产保护纳入文化遗产保护范畴，还缺乏对工业遗产的总体评价和细致规划。

工业遗产的保护和利用需要公众的关注和参与。工业遗产的主人不仅是政府，每个人都是主人，只有当地居民自觉守护，才能保卫工业遗产的尊严，有尊严的工业遗产才有强盛的生命力。只有把工业遗产保护与城市文化建设，特别是与公众的生活紧密联系在一起，才能为工业遗产的保护与利用找到真正的根基，才能使工业遗产成为公众生活的组成部分，才能使工业遗产成为城市文化的内核与灵魂，也才能使城市成为工业遗产真正的家园。建设一个房地产项目，可以服务一个城市几十年，而保护好一个城市的工业遗产，或许会让一个城市受益上百年，同时也有助于提升市民的文化理念，使人们用辩证思维的方式去看待城市发展中的各种矛盾，平衡、协调、解决好各类问题。

感谢刘伯英教授等研究工业遗产的学者们，多年来为工业遗产的保护和利用开展了大量工作，使工业遗产引起了政府部门的重视。今天，他们又开拓了一片新领域，通过每一项工业遗产的详细说明与阐述，把我们的工业发展历史和其中有趣的人物、故事介绍给普通大众和青少年，引导更多的人，尤其是青少年群体对工业遗产产生兴趣，自觉地保护我们身边的工业遗产，这是一件利在当代、泽被千秋的好事。我非常愿意把这套丛书推荐给大家，特别是我们的青少年读者，为我们5000多年的文明史补上这极为精彩的一段，完整地看待一个悠久历史的民族，在艰难困苦中百折不回，从一个纯粹的农业国华丽转身成世界最重要的工业制造大国，树立起我们的民族自信。

单霁翔

（作者系中国文物学会会长、国家文物局原局长、故宫博物院原院长）

序 言

在上海著名景区外滩参观的游客，大多会注意到中山东一路9号有一座古朴典雅、气势恢宏的中西合璧式高大建筑，其正门上方镌刻着“轮船招商总局”六个大字，虽历经岁月，稍有斑驳，仍显得遒劲庄重。在错落有致的水泥雕塑装饰的门厅之下，是厚重的、暗红色大铁门，门楣上“1901”四个数字格外醒目，整座门厅从外到内，显得大气、威严，而又不失灵动与精巧。这里就是中国近代著名企业轮船招商局曾经的本部所在。

除了上海，轮船招商局在其他各地，包括海外各埠，所“遗”之“产”还有很多。据1947年《招商局产业资产总》显示，该局在上海除了外滩的地产之外，还包括金利源码头以及北栈、新栈、华栈、中栈等大量产业，此外招商局还分别在镇江、南京、芜湖、安庆、九江、汉口、沙市、宜昌、重庆、长沙、湘潭、宁波、镇海、杭州、海州、温州、福州、汕头、广州、香港、梧州、烟台、北通州、营口、大沽、塘沽、天津、北戴河等地建有分局或业务代办机构，其船栈码头遍布中国沿海、沿江重要口岸城市。

虽然目前在不少城市，招商局所“遗”之“产”已淹没在历史的洪流之中，无从寻觅，但该局所留下的“故事”则当被后人记起，因为它已成为中国近代经济发展与社会变迁的重要见证，成为中国企业史、航运史的精彩篇章。

单从“工业遗产”的角度而言，轮船招商局的意义与价值也不容低估。该局率先大量购置外国先进航轮，开国内风气之先，广受社会关注。例如该局初期购进的“江宽”轮，“机器玲珑，式样宏敞，中西人皆为称赏”。该船航行至汉口，“华客皆群聚往观，喜形于色也”。其他轮船航行各地也会成为重要的“风景”，而受到围观。

该局从驾驶技术、航运管理到船舱服务，逐步建立起一套规章，且在实践中不断改进，涉及运政与运务的各个方面，在完善企业管理规程的同时，也对行业发展起到了一些示范作用。轮船招商局在一定程度上对于推广中国早期轮船工业及航运文化发挥了重要影响。除了业务引领与示范之外，该局更通过多种途径注重培养航运人才，“自设招商局之后，华人之学驾轮船者日多”。该局在航行设备更新，船舶修理，航路开辟，码头、航栈、趸船与港口建设，以及水陆联运、业务保险等方面，均进行了大量工作，取得了相应的经济与社会效应。

抗战爆发，招商局为国家和社会做出重大贡献，该局轮船“在完成了军公民运的任务后，炸损的炸损，失陷的失陷，沉塞要塞的更永沉江底了，最后仅剩了六艘江轮”。经历了后方期间的惨淡经营，招商局在抗战胜利之后迎来膨胀式发展，其产业规模急剧扩大。

除了船舶工业之外，轮船招商局直接投资兴办或促成的近代工矿业与交通运输业还有开平煤矿、唐胥铁路、上海机器织布局、汉冶萍公司，这些都是近代中国具有标志意义的厂矿或铁路，在工业遗产史上均占有重要地位。

当然，船舶与航运只是轮船招商局的资产与业务，该局在近代中国的制度创新意义及其政治与社会影响更易受后人关注。企业经营机制、管理实务同政局缠绕难分，从商办，经官督商办，再到商办，终被收归国营，企业改弦易辙的轨迹也折射出近代民族企业曲折发展之路。

企业管理与企业绩效关系密切，轮船招商局经营管理层的结构与功效不但对该局的发展产生了直接作用，也间接影响了其在“工业遗产”方面的文化价值与社会效益。在讲述该局作为“工业遗产”的故事时，还是让我们先关注其“高层故事”吧。

目 录

一　破天荒

公元 1877 年，晚清光绪三年，在近代中国的变局时代算是一个相对平常的年份，基本上没有标志性的重大军事、政治与外交事件，但在商战史上却发生了一件大事。

这一年 3 月，美商在华老牌公司旗昌洋行董事会在报纸上发布了如下一则公告：

前由本火船公司于西历正月十五日曾经诸股份人聚会议定，将火船、栈业一切事项卖于招商轮船局，兹遵定于今日将各船及栈房、码头尽行照议，交与招商轮船局经理，所有手持本公司栈单者，即希携至金利源栈房查收，以便更换招商局名下之单也。

同期，轮船招商局也由其总办唐廷枢发表声明：

启者：所有手执旗昌洋行火船公司所发栈单者，若携往经管金利源栈房之白得拉处，可即行更换本局之栈单，其一切议条尽如旗昌前单之议无异。此布。

两相一联系，就会看出这是一件大事，在中国从未有过的破天荒事件，即中国企业首次兼并外国公司。

旗昌轮船公司由旗昌洋行于1862年创办，比轮船招商局早成立十年。而在轮船招商局成立五年之后，它被后者并购了，总价200多万两白银。当时轮船招商局的总资产也就百余万两。这不是一场龙虎大战，而是一只猎狗捕

◎小贴士

旗昌洋行：英文名Russell & Co.，美国商人沙墨尔·罗塞尔（Samuel Russell）1818年在广州成立，初期主要贩卖、走私鸦片。五口通商之后，业务扩展至上海等通商口岸，开始经营进出口贸易、码头货栈、轮船运输和加工制造等多种业务。1862年创办上海轮船公司（Shanghai Steam Navigation Company，又称“旗昌轮船公司”），在轮船招商局创办之前，多年垄断长江航运。旗昌洋行及其旗下的旗昌轮船公司，有相当数量的资本来自买办商人。

获犀牛的故事。

且看招商局的“猎物”有多少：除了江船九号、海船七号、小轮船四号、趸船六号外，还包括上海金利源、金方东、虹桥头、下海浦，以及宁波码头、栈房五处，尚有船澳一处、机器厂一间，及浮存煤斤、锚链、铁浮子、水龙、铁料、木料、油料，甚至包括“各种船上零用食物、洋酒及各口岸所存各物，一概在内”。此外，旗昌轮船公司在汉口、九江、镇江、天津四处的洋楼、栈房、码头也作价卖与招商局。

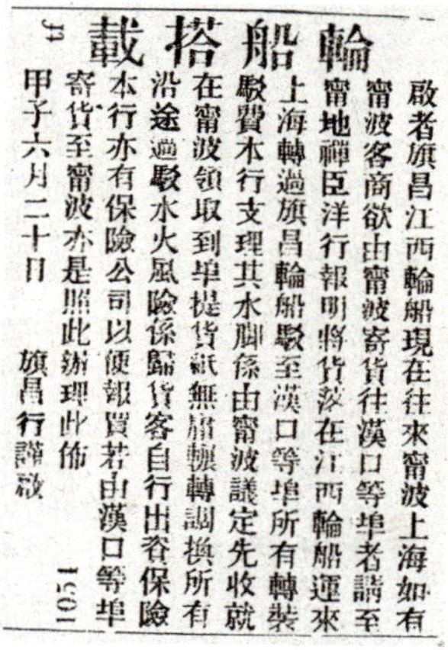

輪船搭載

啟者旗昌江西輪船現在往來甯波上海如有甯波各商欲由甯波寄貨往漢口等埠者請至甯地禪臣洋行報明將貨裝在江西輪船運來上海轉過旗昌輪船駁至漢口等埠所有轉裝駁費本行支理其水腳係由甯波議定先收就在甯波領取到埠提貨紙無庸轉調換所有沿途過駁水火風險係歸貨客自行出資保險本行亦有保險公司以便報買若由漢口等埠寄貨至甯波亦是照此辦理此佈

甲子六月二十日 旗昌行謹啟

旗昌轮船公司揽载广告（《上海新报》1866年3月15日第2版）

招商局为新增的巨轮，举行了隆重的改名仪式。具体而言，旗昌轮船公司原来的“盛京”“直隶”“山西”“山东”“江西”“保定”“湖北”“四川”等船名，分别改为“海晏”“海琛”“镇西”“镇东”“海珊”“海定”“江天”“江长”，而“气拉渡”“俾物乐”“快也坚”等船则分别改为“江靖”“江源”“江汇”等名。自此，招商局的轮船总数已达26艘。这些轮船还一律按照招商局的规制，将烟囱改为黄色。一时间，黄色烟囱轮船在各港口、码头大量增加，使航运界的格局大变。

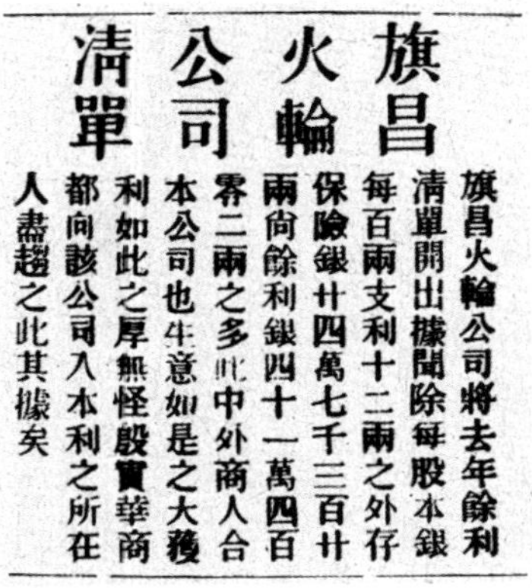

旗昌火輪公司清單

旗昌火輪公司將去年餘利清單開出據聞除每股本銀每百兩支利十二兩之外存保險銀廿四萬七千三百廿兩尚餘利銀四十一萬四百零二兩之多此中外商人合本公司也生意如是之大獲利如此之厚無怪股實華商都向該公司入本利之所在人盡趨之此其據矣

旗昌轮船公司年度结账广告（《上海新报》1872 年 2 月 24 日第 2 版）

完成这笔交易，招商局花了多少钱？答曰：222万两。其中，旗昌轮船公司在上海及宁波的产业共值200万两，在汉口、九江、镇江、天津四处的房产、码头价值22万两。双方议定1877年3月底招商局交付98万两，即可先将旗昌各船及栈房等接手管理，尚余一百多万两，分五年摊还清讫。招商局总办唐廷枢“从金陵带来元宝六千只”，合银33万两，另在上海筹措20余万两，凑齐“首付”，如愿接管了旗昌轮船。

对于这项交易，时人颇感振奋。华文第一大报《申报》在第一时间就此发表评论指出：“旗昌洋行久行于扬子江面，而卒肯告退，实所少见，于是西人向隅、华人得意之喜兆也。此后长江只有太古洋行火船四只，往来天津亦仅怡和一行耳，余惟招商局旗帜是见，斯亦时势之转机欤！”

当然也不乏质疑之声明，包括后来的学者研究这段历史也不全持肯定态度。其理由不外乎旗昌轮船公司究竟值不值200多万两，花这么大代价有无必要。相信这也一定是招商局高管当时反复斟酌的难题。最后，他们认为招商局是这笔交易的赢家。招商局高管分析了可以兼并旗昌轮船公司的四大理由：一、可以迅速提升运能，以利运漕任务的完成；二、尽得旗昌轮船公司码头、栈房，扩大本局地利优势；三、减少竞争对手，壮大本局实力；四、价格便宜，并购合算。

这些理由虽然仅属于招商局当事者的自我陈述，不可全然认同，但其所言亦不为无由。就近代中国的航运市场而言，轮船招商局属于后起之秀，如何在竞争激烈的航运市场站稳脚跟，谋求发展，实属不易。

故事的主角既名“轮船招商局”，还是先从“轮船”说起吧。

二 大轮船

近代早期，国人在讲到西方技术领先之时，往往使用一个词，叫作“坚船利炮”。“利炮”姑且不论，就“坚船”而言，随着中西接触的加深，则越来越演化为“快船”“利船”。轮船的航行速度与运能，在晚清很长时间之内，是西人“长技”的重要组成部分。

在晚清洋务派官员看来，“泰西各国明于制器尚象之理而得其用，所凭藉以横行海外者，尤以轮船与火器为最”。所以“中国自强之策，除修明政事、精练兵勇外，必应仿造轮船，以夺彼族之所恃”。晚清仿制轮船之议，始于咸丰十一年（1861）七月，由曾国藩提出。湘军驻兵安庆期间，曾国藩委派专人开始研制轮船。同治元年（1862）七月，华人科学家华蘅芳与徐寿等人试制成蒸汽轮船模型，曾国藩分外高兴，他在七月初四日（1862年7月30日）的日记中写道："华蘅芳、徐寿所作火轮船之机来此试演。其法以火蒸水，气贯入筒，筒中三窍，闭前二窍，则气入前窍，其机自退，而轮行上弦；闭后二窍，则气入后窍，其机自进，而轮行下弦。火愈大，则气愈盛，机之进退如飞，轮行亦如飞……窃喜洋人之智巧，我中国人亦能为之，彼不能傲我以其所不知矣。"同治二年十二月廿日（1864 年 1 月 28 日），曾国藩又查验了蔡国祥新造之小火轮，该船模长约二丈八九尺，曾国藩亲自乘坐在江中航行八九里，"约计一个时辰可行二十五六里"。这些研究活动全用华人，未雇洋匠，而制成的小轮船行驶速度不快，规模也很小。此后，在华蘅芳、徐寿等人的进一步努力之下，终于在 1865 年 4 月造成木壳轮船一艘，长五十余尺，每小时能航行二十余里。曾国藩勘验之后，非常高兴，勉励研制人员的同时，赐名"黄鹄"。是为中国自造轮船的开端。

曾国藩（李瀚章编撰、李鸿章校刊《曾文正公全集》卷首）

后来，曾国藩委派容闳赴美采购作为工作母机的"制器之器"，创办江南制造总局，初以生产枪炮为主，以应军需，继则开始研制轮船。同治七年（1868）七月上旬，该局生产的第一艘轮船竣工，曾国藩将之命名为"恬吉"，

“意取四海波恬，厂务安吉”之意。曾国藩对于轮船研制工作充满信心，在他看来，“中国自强之道或基于此”。

江南制造总局实开中国近代大规模机器制造之先河，时人以为“中国机器之兴，岁益增盛自此始”。据张国辉先生所著《洋务运动与中国近代企业》和孙毓棠先生所编《中国近代工业史资料》（第一辑）可知，截至1870年江南制造总局先后制成“惠吉”“操江”“测海”“威靖”等兵轮，长度185—205尺，马力最小392匹，最大605匹，载重小则600吨左右，大则达1000吨，造价8万—12万两。

主办福州船政局的左宗棠等人对仿制轮船也很有信心，他目睹中国对于洋枪、洋炮均能“仿洋式制造”之后，说道：“炮可仿制，船独不可仿制乎？”他这样论述中国创办轮船制造业的急迫性：“彼此同以大海为利，彼有所挟，我独无之，譬犹渡河人操舟，而我结筏；譬犹使马人跨骏，而我骑驴，可乎？”左宗棠强调，除了战略与战备意义之外，轮船之于民生、商贸的价值亟须加以重视。他主持筹办福州船政局，正是基于国防与民生的双重考虑。

左氏对于“师夷长技”有比较理性的看法，认为国人应当坚定自信，奋起直追。他曾说过，华洋“均是人也，聪明睿知相近者性，而所习不能无殊”。区别在于，“中国之睿知运于虚，外国之聪明寄于实。中国以义理为本、艺事为末，外国以艺事为重、义理为轻”。由此形成两条发展路径，“彼此各是其是，两不相喻”。但是，若“谓我之长不如外国，让外国擅其能，不可也”；相反，承认“我之长不如外国，藉外国导其先，可也”。左氏一贯比较务实，注重解决实际问题，反对空谈。在他看来，“中国自强之道，全在振奋精神，破除耳目近习，讲求利用实际”，而学习西人之“长技”，用心研制轮船就是切实的应变与强国之举。后来，左宗棠奉命率军西征，推荐沈葆桢接任船政大臣之职，谓此职非沈莫属。在左、沈及其他官员的持续努力之下，截至1874年，福州船政局造成兵船15艘。外国人对此评价道：“即此一局而论，建设不过五年，船已先造有如许之多，而肄习之人，亦著有成效，可谓敏捷矣。”

三　朱其昂

清政府制造轮船不可谓不用力，且小有成效。问题是西方技术日新月异，清政府虽然奋起急追，以期尽量缩小与西方的距离，实现“师夷长技以制夷”的目标，但西方不会停下来等待，仍在全速发展，而且发展质量优于清政府，由此导致一个悖论，即清政府的绝对劣势虽然在不断改进，但相对劣势则不见缩小，且日见拉大。具体到造船方面，甚至出现造船不如买船的窘境。江南制造总局和福州船政局虽然制造了不少轮船，但不仅性能不如外国轮船，而且成本均高于后者，言官弹劾徒费国帑，不济实用。内阁大学生宋晋以靡费太重，直接奏请停止此业。在此情况下，是否继续造船与造船何用，就成为清政府官场讨论的问题。洋务派官员无疑反对半途而废，李鸿章、沈葆桢等人皆主张中国制造轮船不可停废，但可变通，间造商船，以保持和改进技术；其所造商船可由华商领租，从事运送漕粮等业务，使此业不致受制于洋商。同时，也可借机将沿海已经兴起并依附于洋商的华人轮船业进行归并。此议得到总理各国事务衙门的认同，遂行文李鸿章物色合适人选，妥议章程，开始招商。

李鸿章领命之后，首先找到上海沙船业首领、候补知府朱其昂商议其事。朱其昂兄弟对于沙船行业遭受新式轮船打击后的窘境感受较深，对于轮船之于航运业的巨大优势也深有了解。他清楚自从洋轮进入中国后，不断占据内江外海航线，逐渐折服口岸城乡民众，有不少华商暗中投资洋轮公司，或依附洋商名下，购轮营运。当他获悉中国轮船招商之时，自然赞同，并乐于襄赞其事。李鸿章为朱其昂先拨官款20万串，以作启动资本，而坚定众商之信心。朱其昂领命之后，遂拟定章程，在上海洋泾浜南永安街设局招商，名曰“轮船招商公局”，奉准刊刻“总办轮船招商公局关防”一枚。同治十一年（1872）十二月十九日正式开张。当时上海的华文大报登出一则消息：

闻轮船招商公局于十九日开办，已于前报奉闻矣。前晚，微有雨雪，昨晨忽转晴霁，天气和暖，中外官商及各国兵船统领均往道喜，车马盈门，十分热闹，足见舆情之辑睦，其兴旺可拭目俟焉。

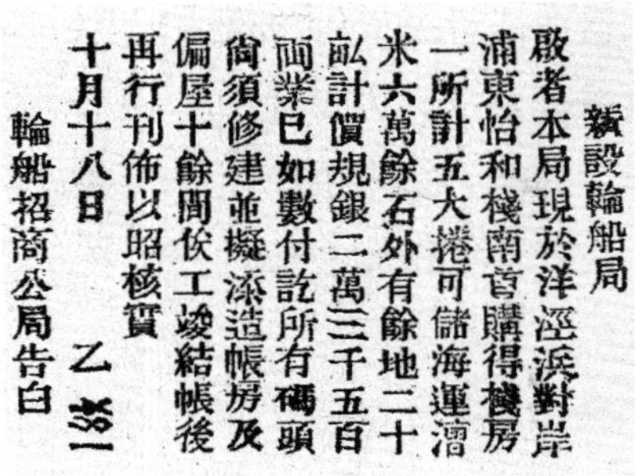

新設輪船局

啟者本局現於洋涇浜對岸浦東怡和棧南首購得棧房一所計五大棧可儲海運漕米六萬餘石外有餘地二十畝計價規銀二萬三千五百兩業已如數付訖所有碼頭尚須修建並擬添造帳房及偏屋十餘間俟工竣結帳後再行刊佈以昭核實

十月十八日　乙

輪船招商公局告白

轮船招商局成立广告（《申报》1872 年 11 月 18 日第 5 版）

这则新闻虽然字数不多，但招商局的创办在中国近代史上的意义则不容低估——一部中国近代航运史从此发生改变。当时的华洋商人莫不注意到这一创举，尤其是华人社会颇感振奋。《申报》专门发表题为《论中华轮船招商事》的社评，极尽感慨与赞誉。文章认为，招商局成立之后，华商出于民族感情，必舍洋轮而搭华船，“此自然之理也”。而且由于本土公司的工食、薪资较洋轮公司为低，业务有所保障，所以中国这一新创企业的前景被舆论普遍看好，“西人之于各通商岸口驶行轮舟，以与华人争贸易之利、拥贸易之权者，必将渐衰矣”。文中指出，此局之有成，皆赖“中华官宪实有深意”，尤其是李鸿章等人的擘画之功，“在西人而论，亦不能不深服其得裕国便民之大意也”。在时人看来，李鸿章等人的此项事业，实“创中国千古未有之举”。

数十年后，国民政府清查整理招商局时，也承认招商局开创之功，首推李鸿章及朱其昂兄弟。尤其是李鸿章终其一生，对于轮船招商局倾注了不少心血，当该局筹办之际，曾亲临视察，“遍阅局内之事”。可以这么说，轮船招商局正是在李鸿章的直接指导下，由朱其昂兄弟创办。正如时人所言，“李氏荩筹硕画，知人善任，朱氏昆季筚路蓝缕，尽瘁局务，其功绩俱不可淹没也”。

不过，朱氏兄弟所面临的困难也是可想而知的，因为对于中国商界而言，这是全新的业务，从资本、设备，到人才、管理，均须从头开始。

初创资本实际领到官款 18.8 万串制钱，另外从李鸿章处领到股本银 5 万两，合计 17 万两，上海商人虽答应投资十余万两，但迟未缴付。招商局开办资本 40 余万两，半数系由朱其昂、朱其诏兄弟陆续垫借。

有限的经费除了购房赁屋、建造码头栈房、招募人员之外，主要支出则为购买轮船。招商局第一艘轮船名曰“伊敦”号，系向英国轮船公司定购，计价英洋 6.5 万元。此后，招商局还通过分期付款等方式，分别向英国公司购买数艘轮船，招商局航运业务正式开始。

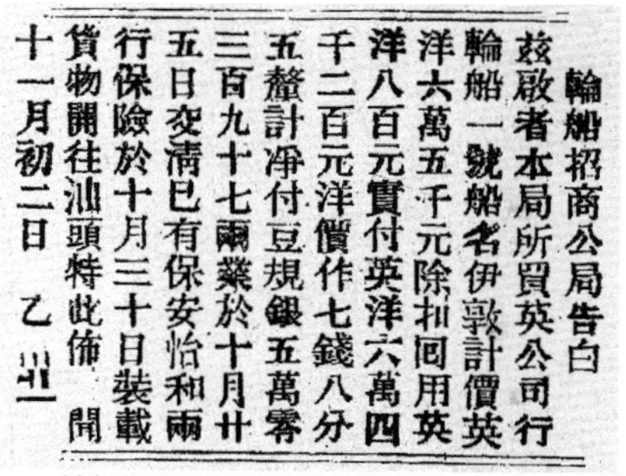
輪船招商公局告白
茲啟者本局所買英公司行輪船一號船名伊敦計價英洋六萬五千元除扣回用英洋八百元實付英洋六萬四千二百元洋價作七錢八分五釐計凈付豆規銀五萬零三百九十七兩業於十月廿五日交清已有保安怡和兩行保險於十月三十日裝載貨物開往汕頭特此佈 聞
十一月初二日

轮船招商局发布的“伊敦”号广告（《申报》1872 年 12 月 2 日第 5 版）

招商局初创时困难重重。主其事的朱其昂系旧式沙船业出

“伊敦”号模型图片（招商局集团档案馆提供）

身，虽与官场交往较多，但缺乏新式商业管理经验，尤其不擅与洋商打交道。例如第一艘轮船“伊敦”号投入运营之时，朱其昂聘请洋人康纳为船长，举凡一船之事，皆令其主管。孰知往来天津几次，装客载货之水脚收入，经康纳开销煤钱、工资之外，竟毫无所余，而康纳几将此船据为己有，不复知其为招商局所有。久而久之，大有将“伊敦”号尽付变卖，也不能足其赔累之势。朱其昂因见其人不可信任，决定解雇。而康纳恼羞成怒，向租界法庭提起诉讼。此事固然因洋人不善经营而又飞扬跋扈而起，也与朱其昂不能知人善任，草率定约，将全船诸事尽交于康纳一人有关。朱氏初则信之过深，继则疑之太甚，终至对簿公堂。结果，经会审衙门判招商局补偿康纳洋 750 元结案。

朱其昂任上遇到的最大困难是融资。他本人虽然在上海多方筹募，但认股多，实缴付少，一则因为民众对于华商自办轮船将信将疑，不敢贸然投资；二则因为朱其昂在商界的影响有限，尤其是在新式商人圈，朱其昂几无号召之力。李鸿章也认识到了这一问题，为了扭转局面，他对招商局进行了第一次改组。

四 广东帮

同治十二年（1873）六月，李鸿章调著名粤商唐廷枢入局，将轮船招商公局改归商办，以唐为“商总办”，驻局管理一切。其后，另一名粤商徐润也被聘入招商局，为沪局商董。朱其昂主管期间虽然亏损了4万余两，但并未被清理出高管层，乃由其专门分管漕运事宜，以专责成。此后，朱氏兄弟与唐廷枢等粤商尚能和衷共济，共同推助招商局发展。

唐廷枢，字景星，广东香山人氏。幼时在香港的英国教会学校接受教育，打下了良好的英文与西学功底，后入香港巡理厅和大审判院充当译员，继至上海，担任海关总翻译。他受聘上海怡和洋行之后，因业务能力强而升为总买办。从1870年开始，唐廷枢开始投身新式轮船航运业，主持怡和洋行的船务部，并分别投资于公正、北清等英商轮船公司。唐还曾与怡和洋行经理合办华海轮船公司。在长期的业务交往中，唐廷枢与中国官场的关系也越来越密切，像当时的大多数商人一样开始拜粟纳爵。当李鸿章委任他办理招商局时，他的职衔是“候选同知”，后来又捐了个“候选道”。所以在招商局内，也有人称他为“唐道”。

还有一名“徐道”，就是徐润，生于1838年，比唐廷枢小6岁，也是广东香山人。同唐一样，徐也是著名买办出身，主要供职于宝顺洋行。不过，在个人投资方面，徐润偏重于商贸，曾与人合伙丝、茶、鸦片等，后来主营茶号，也投资房地产等。

李鸿章曾指出中西交手之后，中国出现三千年未有之大变局。一个“变”字，道出了晚清中国社会演变的动态性及其趋势。晚清“变”的方面有很多，“变”的方式也有很多，有的人适应不了“变”，渐至落伍，渐被淘汰；而有的人顺应潮流，改变自己，应时而为，建立了新的事业。政治与文化方面如此，工商实业方面也是如此。

晚清第一代商人，自然要属“广东帮”。这当然是因为广东与西洋接触较早，对于世界大势变化感受较深，加之毗邻香港，粤商接受西学机会较多，也有利于提升其业务素养，他们在新的商业大潮中善于调整自己，寻找机会，开创新业。唐廷枢、徐润的早期经历就说明了这一点。

更为难得的是，他们遇到了李鸿章，后者也知道要想搞活一家新式轮船企业，旧式商人不足以胜任，必须有像唐廷枢这样的“新式”商人。当上海的新闻媒体得悉李鸿章已改委唐廷枢为招商局总办时，按捺不住兴奋之情，有评论这样写道：“唐者阅历外务，洞悉西船运载法制，以此任属之，真可谓知人善任者也。想轮船公事从此日见起色，其利益岂浅鲜哉？”

招商局早期的广东帮，还包括郑观应、叶廷眷等人。郑观应也是香山人，同样是买办出身，不过入局比唐、徐晚几年。叶廷眷是珠海人，虽出身官宦，但办事干练，也深得李鸿章信任。数年之后，唐廷枢的胞弟唐茂枝也加盟该局，担任商董。唐氏兄弟英文水平较高，能与西人娴熟交流。

唐廷枢、徐润等入局之后，首先从建章立制做起。征得李鸿章同意，招商局重新颁定公司章程（又称为“局规”），规定招商局额定资本 100 万两，先收 50 万两；招商局重大事宜均由股东集议；由股东选举商董，商董选举总董，以坚定投资入股者，尤其是大股东的信心。同时，招商局重定了业务章程，裁免或精减各类具有官场色彩的“委员”“文案”“书写”“听差”等人员，以节省经费开支。为加强业务管理，局内逐日逐月都有账可稽，年终整理成总账，由股东查阅；公司管理费与轮船管理费均由每年所得利润项下按比例提成，以调动各方面人员的积极性。

在唐廷枢任内，招商局虽然遇到怡和、旗昌等外国轮船公司的挤压，但唐廷枢等人内抓管理，外重联合，积极扩股增资，使企业得到较快发展，尤其是兼并旗昌轮船公司的大手笔，迅速壮大了招商局实力，使其业务总量与市场占比上了一个很大的台阶。

唐廷枢内抓管理，外拓市场，到处奔波。当清政府运动朝鲜开埠通商之际，唐亲往考察，第一时间为招商局开辟朝鲜业务；为了扩大海外市场，他曾历时数月前往南洋及欧美等处，实地调查各埠可设码头之处，并参观外国造船厂，定购新式轮船，以供招商局发展之用。为了解决招商局轮船的用煤问题，他主持创办了开平煤矿，该煤矿成为晚清另一家著名的洋务民用企业。

作为招商局总办，唐廷枢不仅富于管理才干，而且具有奉献精神。他和徐润等人对招商局局面的打开确实发挥了重要作用，在他们的领导下，招商局的业务机制、企业文化逐步形成，航线不断增加，业务日益扩大，企业获得较好的经济效益。他们的经营之道固然很多，但尤为时人所赞誉者则为目标远大，开拓创新；实事求是，稳步推进。招商局一方面不断完善各种管理制度，另一方面尽量购置当时较为先进的船舶。该局最初购置的“伊敦”号轮船，本系邮船，速度较快，但耗煤多，且装货少，运营一年后该局将其停航，随后改装为趸船。同时，向英国订购“永清”“福星”“利运”等船。唐廷枢入局后斥巨资购入“江宽”号巨轮，成为当时“挂中国旗行驶长江超等第一号船”。该局召开隆重的启航仪式，中外嘉宾数十人参加。该轮“机器玲珑，式样宏敞，中西人皆为称赏”。到1882年，招商局共有各类轮船22艘，分别是“富有”“洞庭”“永清”“永宁”“利运”“日新”“和众”“怀远”“保大”“丰顺”“兴盛”“江宽”“江永”“海定”“海琛”“镇东”“江天”“江表”“江孚”“海珊”“海晏”“美利”。

这些轮船中的半数是通过兼并旗昌轮船公司得来的，这一举措是唐、徐主政期间广受关注的大手笔。旗昌轮船公司是在华开展轮船业务的老牌洋行之一，长期控制着中国长江航运，排挤打击其他公司。以上海到汉口的航运为例，在招商局成立之前，一直由旗昌与另一家名为“公正”的外轮公司所垄断，以致“别家之船不敢向此途问津，做此生理。如有行此两处者，彼两家必暂减水脚、客位等价目，必使人

社评《论招商局能得人》(《申报》1888年7月27日)

大亏本而后已”。

轮船招商局成立之初，旗昌公司故技重演，大举跌价，以期挤垮前者，双方展开了激烈的争夺。轮船公司相互竞争，跌价揽客，顾客虽然受益，但公司的经营压力必然增加。招商局曾坦言，长江航运，与洋轮公司“跌价争衡，未能彼少而我多者，明亏也”。长期与招商局进行以价格战为主的激烈对抗，使旗昌轮船公司自身也遭受不小的损失，加之部分股东对于公司前景不太乐观，终被招商局乘机收购。

据说，旗昌公司被招商局收购的消息传出之后，其股票价格一下由原来的66两之谱，骤长至90多两，凡有股份者无不喜出望外。此举过后，招商局迅速扩大规模，成为“中国一大公司”，极大地提振了华人的商业与航运信心。有人甚至乐观地预言：“中国各口往来载运之业，其归华人而不为外人所垄断，固所应有之事，不但民生所关，国体亦与维系也，故内地诸人闻有此举，料无不称善。”数年之后，实际运营的结果益加证明当初唐廷枢等人决策的正确性。

不过，即使兼并了旗昌轮船公司，英商太古与怡和两家轮船公司仍是招商局强有力的竞争对手。为了止损，轮船招商局不得不与两家公司先后三次签订所谓的“齐价合同”，从而招致一些物议，后世学者对此也褒贬不一。

五 官督办（上）

创办招商局，除技术引进之外，李鸿章还有制度创新，这就是他力主推行的“官督商办”公司制。

经李鸿章批准，轮船招商局的创办章程第一条赫然写道：“（中国）轮船之有商局，犹外国之有公司也。”李氏明确指出：“轮船招商局本仿西国公司之意。”另外两位著名官员刘坤一和盛宣怀也分别指出，招商局“系仿泰西各国设立公司办法”，“系众商公司”。《申报》在招商局创办的第二年发表社论称：“今日中国所设立之轮船招商局，公司也。”那么，为什么要强调“公司”呢?

中国传统社会，虽然不乏规模巨大的产业组织，但多为官办性质的各类工场，例如清代云南铜矿业以及苏州、杭州、南京等地的织造工场。在民间社会，虽然合伙经营源远流长，而且出现过集资较多的组织，但是传统合伙一般以“人合”“义合”为前提，合伙人必须彼此熟识，情投意合；其出资与经营不相分离且负无限责任，对外具有较强的封闭性，因而生产、经营效果有限。而西方的公司制度则具有强大的资本集中优势、经济动员能力，可以有效地扩大生产与经营规模。中国传统社会并没有孕育出公司经营机制，这也是中国经济、社会逐步落伍于西方的制度因素之一。

李鸿章等人急于仿行西方公司制度，还有一个重要动因，那就是抵制西方公司对于中国民间资本的大肆吸纳。鸦片战争之后，外国洋行开始在中国通商口岸发行股票，吸收华资。在洋商的一再劝诱和洋行丰厚利润的吸引下，通商口岸渐兴华商认购洋股之风。据汪敬虞先生考证，“华商附股外国洋行经营航运事业，至迟在（19世纪）50年代就已开始”。至19世纪60年代末70年代初，华商对洋行股票的认购渐趋踊跃。有的洋行股票因供不应求，以致市价溢出原价好几倍。个别洋行鉴于要求认股的华商为数太多，不得不制定了限制条件。

不断高涨的华商附股洋行热潮的直接后果，就是使大量中国资本流入外国公司，成为外国公司开拓中国市场、侵攘中国利权较为重要的资本支柱。这种华商资本在中西商战中非但不能“御敌”，反而“倒戈相向”的状况，逐渐引起了李鸿章等洋务派官员的忧虑，他们不得不考虑如何将华商资本从洋行中吸附过来。创办自己的公司，就是办法之一。轮船招商局实为中国公司创始之举。

但为什么不直接称之为“招商公司”，而定名为“招商局”？此中大有内涵可挖。晚清媒体指出，中国轮船设招商之局，“虽不曰轮船公司，其实则与轮船公司无异”。长期执掌该局的盛宣怀等人也说招商局“实系已成之公司，从前称公局者，即系公司之谓也”。

但是有人明指其异，例如郑观应就说道：“按西例，由官设立者谓之局，由商民设立者谓之公司。……今中国禀请大宪开办之公司，皆商民集股者，亦谓之局。”不仅招商局如此，洋务民用企业，如上海机器织布局、上海电报局等莫不如是，这就说明不仅仅是一个名字的问题，反映的是一种商业的政治文化，代表的是一种具有中国特色的企业创办与经营模式，那就是“官督商办”。

“官督商办”是晚清洋务官员经过多方考虑，综合各方面情况，实现官商互补，

公司多則市面旺論

社评《公司多则市面旺论》（《申报》1882年8月24日）

既利企业发展，又便官方控制的一种企业机制。

首先，此类企业肩负着保护国计民生的重任，意义非同一般，洋务官员普遍不相信华商能够承担此等重要事业，认为“官督”的作用不可或缺。例如李鸿章就指出，该项企业若令商民自行创办，则招股集资，难以开展，且易生纠纷，由官来“督办”此事，则可加强稽核。集股之后，经营更为重要。洋务官员很清楚，企业若由官办，则官府无此能力，且极易腐败，企业难以长久发展，所以不得不对其“商办”成分予以足够重视。

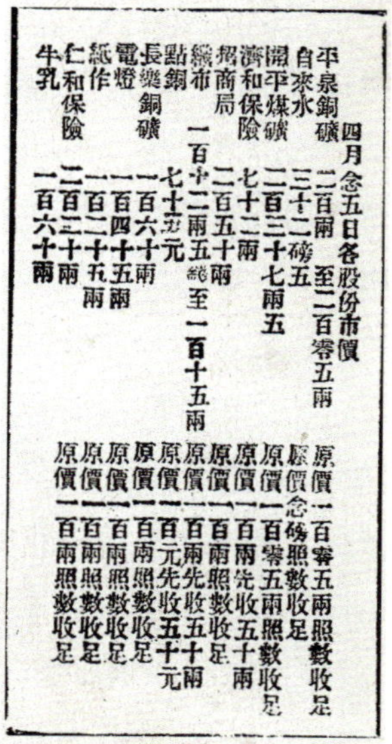

四月念五日各股份市價

平泉銅礦	二百兩至二百零五兩	原價一百零五兩照數收足
自來水	三十二磅五	原價念磅照數收足
開平煤礦	二百三十七兩五	原價一百零五兩照數收足
濟和保險	七十二兩	原價一百兩先收五十兩
招商局	二百五十兩	原價一百兩照數收足
織布	一百十二兩五錢至一百十五兩	原價一百兩先收五十兩
點銅	七十[illegible]元	原價一百元先收五十元
長樂銅礦	一百六十兩	原價一百兩照數收足
電燈	一百四十五兩	原價一百兩照數收足
紙作	一百二十五兩	原價一百兩照數收足
仁和保險	二百三十兩	原價一百兩照數收足
牛乳	一百六十兩	

1882 年 6 月 10 日上海股票市价（《申报》1882 年 6 月 11 日第 9 版）

其次，洋务官员实行“官督商办”的立意还在于联络商情，改善官商关系。中国官商关系素来不洽，商之视官，如同虎狼。这种官商敌对状况，非常不利于洋务派官员的“自强”和“求富”方略。他们逐步认识到“欲图兵强，必先富国；欲图富国，必先联商；官商联，则集资厚；资本厚，则财力雄”。“官督商办”实际上是官方调动商民投资积极性、推进官商经济合作的一种策略。李鸿章在奏办轮船招商局时就说道，此举系政府“招商”的尝试，以期官商感情“浃洽”。盛宣怀也说过，轮船招商局之源起，系“中堂（李鸿章）鉴于中国官商不能如外国官商相联一气，是以创官督商办之局，为天下开风气之先”。其他洋务民用企业同样体现了官方的这种用意。

再者，因为洋务民用企业承担着“分洋商之利”的重任，怯于中外交涉的官员也不愿意以官方的名义直接面对洋商，遂借重商局参与竞争，而官方隐居幕后进行督率、扶持。如李鸿章曾以轮船招商局为例指出：“诚以商务应由商任之，不能由官任之，轮船商务牵涉洋务，更不便由官任之也……惟因此举为收回中国利权起见，事体重大，有裨国计民生，故须官为扶持。”刘坤一也指出，轮船招商局之所以实行“官督商办”，“只以揽载贸易，未便由官出场与商争利；且揽载贸易必与华洋商人交涉，一作官局，诸多掣肘……不得不由商局出名”。

“官督商办”其实是由“官”“商”两个主体和两种机制组成，最初设计之时，考虑的主要是两者各自优势的结合，即官有“权”而商有“钱”，官可扶持而不善于经营，商可经营但无行政资源，此举可谓两全其美。就连后来对“官督商办”大加挞伐的郑观应，起初亦表赞成。他指出，创办企业若全恃官力，则费巨难筹；招集商资，易收众擎易举之功。但如果企业全归商办，则地痞土棍难免阻挠，且一般吏役又会敲诈勒索；只有实行官督商办，则各有责成，“上下相维，二弊俱去”。

“官督”的优势从根本上讲，在于可得到官方支持。除了行政保护之外，官方的扶持主要包括政策和资金两方面。

就政策而言，各企业多获得官方特许的专项经营权。例如轮船招商局创办之初，李鸿章奏准每年苏、浙等省漕粮分出四五成拨归该局承运，不得短少。招商局承运漕粮等业务，经常受到朝臣和光绪皇帝直接过问，被上升到“国家战略”层面。例如太常寺卿陈兰彬就专折上奏，以“招商局轮船关系大局”，故当督饬疆臣认真经理。光绪皇帝批复称陈兰彬“据奏不为无见”，遂指示李鸿章、沈葆桢“体察情形，悉心会商妥筹办理”。

在资金方面，洋务民用企业大都得到了官款不同程度的扶助。轮船招商局资本虽系商股集成，实赖官帑之倡率。该局创办之初，李鸿章一方面设法为其筹拨官款，另一方面又积极动员有关官员将各属关局之“闲款”发存该局，以求“于公有益，于众商有裨”。

招商局之所以能够兼并旗昌轮船公司，官款支持功不可没。这笔交易，招商局通过各种途径筹得122万两，不敷100万两，两江总督沈葆桢上奏朝廷，请由江苏藩司筹银50万两，并请饬浙江拨银20万两，江西拨银20万两，湖北拨银10万两，并请朝廷着李瀚章、翁同爵、刘秉璋、杨昌濬等各省主政要员，“迅速照数拨解，毋稍延误”。上谕“着照所议行”，“以广招徕”。江西巡抚刘秉璋遂在本省常平仓谷价项下拨银20万两，“放给招商局济用”。轮船招商局积欠官款最多之时，共有13笔，分别是“天津练饷”“江宁木厘”“江宁藩库”“江安粮库”“扬州粮台”“江海关库”“浙江塘工”“浙江丝捐”“江西藩库”“东海关库”“湖北军需”“保定练饷”，以及“直隶支应局天津道库”，总计190余万两。可见，这些官款主要来自两江以及直隶，这与李鸿章的行政势力影响范围基本重合。

为了进一步减轻企业负担，李鸿章于1877年奏准官款缓息三年。1885年，朝廷复准招商局应还官款本息均缓，嗣后又为该局免除了利息，使该局终于在1890年全部清还了官款。

招商局的轮船最初与洋轮一样，只能在通商口岸之间航行，不准到未开放口岸。而通商口岸城市毕竟数量有限，招商局固然可以与外国轮船同场竞技，终究不如转航他埠避免竞争，为利更大。于是有人建议准予招商局轮船驶行非通商口岸。但总理各国事务衙门与南洋大臣均担心此举会招致外国人的抗议，而“不甚谓然”。不过，该局轮船获准独享到未开放口岸装运官货的特权。一些大宗官货与商货需要海运者，也均由招商局轮船承运。此外，招商局

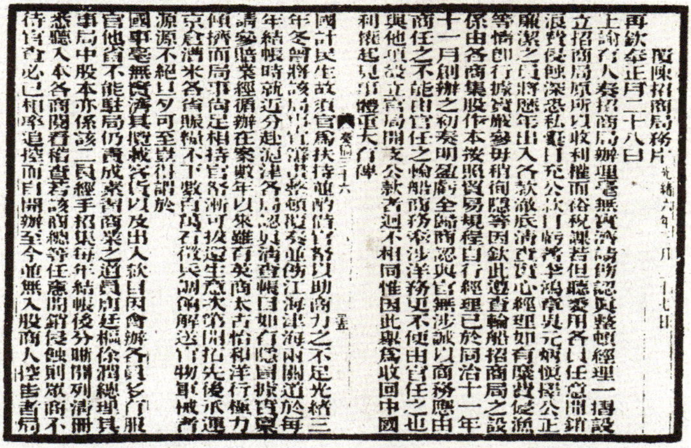
覆陳招商局務片 光緒六年三月二十七日
再欽奉正月二十八日
上諭有人奏招商局辦理毫無實濟請飭認真整頓經理一摺設
立招商局原所以收利權而裕稅課若任聽委用各員任意開銷
浪費侵蝕深恐私囊日充公款日竭著李鴻章吳元炳慎擇公正
廉潔之員將歷年出入各款澈底清查實心經理如有陋習徒滋
等情即行據實嚴參毋稍徇隱等因欽此遵查輪船招商局之設
係由各商集股作本按照貿易規程自行經理已於同治十一年
十一月創辦之初奏明盈虧全歸商認與官無涉誠以商務應由
商任之不能由官任之輪船商務牽涉洋務更不便由官任之也
與他項設立官局開支公款者迥不相同惟因此舉為收回中國
利權起見事體重大有裨
國計民生故須官為扶持並酌借官帑以助商力之不足光緒三
年冬間將該局[illegible]整頓[illegible]並飭江海津海兩關道於每
年結帳時就近分赴滬津各局認真清查帳目如有隱匿據實稟
請參辦業經循辦在案數年以來雖有英商太古怡和洋行極力
傾擠而局事尚足相持官帑漸可按還生意次第開拓先後承運
京倉漕米各省賑糧不下數百萬石徵兵調餉解送官物軍械者
源源不絕旦夕可至實於
國事毫無貽誤其[illegible]以及出入款目因會辦各員多有服
官他省不能駐局仍責成素習商業之道員唐廷樞徐潤總理其
事局中股本亦係該二員經手招集每年結帳後分晰開列清冊
悉聽入本各商閱看稽查若該商總等任意開銷侵蝕則眾商不
待官查必已相率追控而自開辦至今並無入股商人控告者局

李鸿章《覆陈招商局务片》局部（光绪六年三月二十七日）

轮船不仅免纳厘税，而且由官方允准回空船可享受减免税待遇。

清政府在各方面的扶持，对招商局业务发展产生了很大的促进作用。时人称，该局“所以能自立者，实赖官为护持”。官方在运送漕粮与官货方面的价格补贴，有力地支撑了该局同洋轮公司在其他业务方面的竞争，例如汉口直达天津的货运价格，比其他轮船公司都低。该局从政府方面获得的扶持受到洋商妒忌，他们不得不承认，招商局轮船“享有特权，占有优势，其他轮船望尘莫及”。就连招商局高管马建忠也承认，该局创立初期之所以能够快速发展，“幸赖国家力与维持”。

正因为招商局乃“国计”所关，所以官方除了扶持外，还要对其进行“督理”“督查”“督率”。用李鸿章的话说，就是“由官总其大纲，察其利病”。轮船招商局每年结账后，须汇开清册呈报南北洋通商大臣。李鸿章还要求江海关和津海关两关道在该局每年结账时，“就近分赴津沪各局认真清查，如有隐冒，据实禀请参赔”。后来，总理衙门奏准进一步加强官方对招商局账目和业务的稽查，申明该局“每年结算，由津、沪两关道稽核，该局岁刊告白，设被商股讦驳有据，则津沪两关道亦应任咎。至于每船到岸如何稽核客载，应饬各关道委员经理，无分昼夜，与税关船头官共同查验，以杜弊混。其未设关之地，如江南下关，安徽大通、安庆，湖北武穴等处，由南洋大臣委地方官办理，每月径禀南北洋商署存查”。在此项规定颁布之初，招商局并未主动将账目送审，江海关道也未过问，以致对于该局情形“未能深悉”。李鸿章遂对相关官员责以赴局查账之大义：“该局最要者收支两项……该员等必须遵照妥办，庶无渗漏。”他一再叮嘱江海、津海两关道员在招商局每年结账时，必须“赴局认真清查，以免浮议”，这是两关道员义不容辞的职责之一，“切不可视为具文”。

虽然官方稽核较严，但企业仍有较大的经营自主性。李鸿章曾明确表示，企业“招商之事，不可尽慑以官势”；

此等创举“本仿西国公司之意，虽赖官为扶持，一切张弛缓急事宜，皆由商董经管”；况且，既属“生意行档”，企业用人自应“由其自择，本非官场所能过问”。轮船招商局成立初期，除运漕事宜归朱其昂经办外，“其余劝股、添船、造栈、揽载、开拓船路、设立各处码头，由唐道（总办唐廷枢）一手经理”。就连兼并旗昌轮船公司，“其事前之关说，事后之付价，实皆唐廷枢等主之也”。后来，唐廷枢忙于筹办开平煤矿和外出考察商务，招商局事务遂由会办徐润主持。该局银钱账目也向由徐润“一手经理”。

历年的经营发展，为商股带来了不菲的利润回报。招商局规定商股的固定股息为常年一厘，又称之为官利，这是不受企业经营状况影响的稳定收益，除此之外，股东还可获得历年不等的“余利”。股东方面不仅事权相对充分，而且获利较多，相形之下，企业所领大量官款则不断减免利息，延迟还本，官方实际所得远少于商股。就连马建忠也承认，“历年受亏者在官不在商也”。于是招商局附着的官商关系就容易受到各界的关注。有人说，这是“损上益下”，对于官方极为不利。尤其是李鸿章的政敌多次借此说事，认为招商局商董损公肥私，要求严查。例如御史董俊翰曾专折上奏，指揭轮船招商局“用人太滥，耗费日增，请饬实力整顿”。上谕要求李鸿章等人“通盘筹划，于该

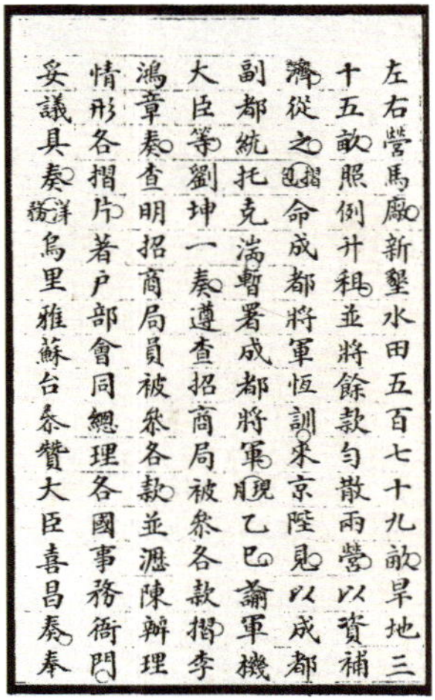
左右營馬廠新墾水田五百七十九畝旱地三
十五畝照例升租並將餘款勻散兩營以資補
濟從之命成都將軍恆訓來京陛見以成都
副都統托克湍暫署成都將軍乙巳諭軍機
大臣等劉坤一奏遵查招商局被參各款摺李
鴻章奏查明招商局員被參各款並瀝陳辦理
情形各摺片著戶部會同總理各國事務衙門
妥議具奏烏里雅蘇台參贊大臣喜昌奏奉

《清实录》关于查明招商局被参各款的记录

局经费权衡出入，认真整顿，毋得稍有虚縻”，并“严谕该局不得以办公为名，位置私人，亦不得因碍于情面，滥行收录。并饬令该商总和衷办事，勿骛虚名而鲜实济”。后又有人向朝廷反映，“招商局办理毫无实济”，上谕令李鸿章、刘坤一、吴元炳等人“慎择公正廉洁之员，将历年出入各款彻底清查，实心经理，如查有糜费侵渔等情，即行据实严参，毋稍徇隐”。国子监祭酒王先谦实名举报招商局总办唐廷枢“营私害公，败坏局务”，请求“痛加整顿，以冀挽回”。天颜大怒，责令李鸿章、刘坤一等督抚“按照王先谦所奏，逐一严查，认真整饬。如唐廷枢等实有侵帑把持，并设计排挤各情，即行从严参办”。

可见，由于轮船招商局影响较大，所以多招物议，屡次引起朝廷关注，其受“官督”的程度远超过其他洋务企业。

中法战争期间，海氛紧张，战警频传，为防止轮船与产业被法国方面当作敌产而遭掳掠，轮船招商局以五百余万两的价格将船产各项暂时盘于旗昌洋行。商局轮船改挂美国国旗，俾得以继续航行。

招商局出售之举，事出仓促，物议颇多，据说慈禧太后听说之后，大为不悦。总理衙门随将懿旨传达给李鸿章，但木已成舟，无法挽回。这一消息得自外国人的记述，虽然没有找到慈禧太后的原话，但她对于出售该局“不悦”则是必然的。据《清实录》载，朝廷曾“电寄”李鸿章，进行质问：

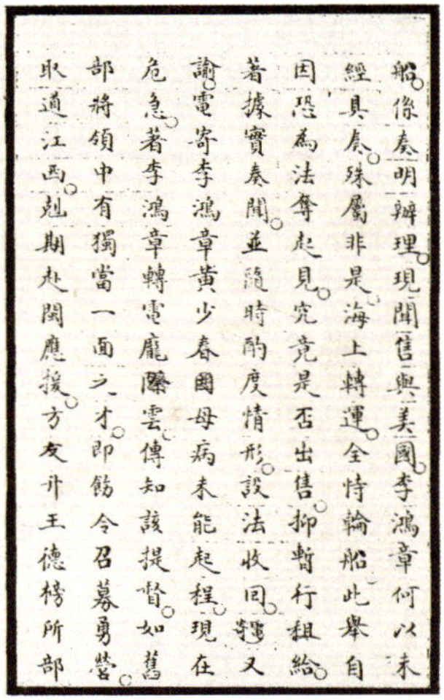
船係奏明辦理現聞售與美國李鴻章何以未
經具奏殊屬非是海上轉運全恃輪船此舉自
因恐為法奪起見究竟是否出售抑暫行租給
著據實奏聞並隨時酌度情形設法收回[illegible]又
諭電寄李鴻章黄少春因母病未能起程現在
危急著李鴻章轉電龐際雲傳知該提督如舊
部將領中有獨當一面之才即飭令召募勇營
取道江西尅期赴閩應援方友升王德榜所部

责备李鸿章擅自将招商局售卖于旗昌洋行并责令其收回的上谕

“从前设立招商局，购买轮船，系奏明办理，现闻售与美国，李鸿章何以未经具奏，殊属非是。海上转运全恃轮船，此举自因恐为法夺起见，究竟是否出售？抑暂行租给，着据实奏闻，并随时酌度情形设法收回。”

中法战事平息之际，朝廷要求李鸿章责令经手此事的马建忠尽快收回。朝廷此前也曾多次过问招商局之事，但这一次语气如此严肃，说明对于收回招商局的高度重视。也正因为如此，当1885年中法战局结束、海警基本解除之后，李鸿章立即责令马建忠等人将招商局复从旗昌洋行赎回。

关于招商局在中法战争期间出售于旗昌洋行的评论（《申报》1884年8月2日）

盛宣怀、马建忠等与旗昌洋行东家米德商议月余，旗昌洋行愿按原价“倒卖”，彼此订立合同，定于光绪十一年（1885）六月十一日起换旗换契，至七月一日，招商局将轮船、栈房、码头等各项产业悉照原价收回，仍归该局员董自办。为了对旗昌洋行东家米德表示感谢，盛宣怀、马建忠答应聘其为招商局顾问，遇事襄助，每年付给薪酬5000两，以三年为限。期满后是否续聘，再由招商局高层商议决定。

招商局收回之际，上谕还要求同时对该局进行整顿。李鸿章在与招商局“密切接触”十余年之后，深知该局存在的问题，对其经营成效有所不满，用他的话说就是，“轮船招商局为中国商务大端，历年经理各员均未得法，遂致利少弊多”。他向盛宣怀抱怨唐廷枢、徐润二人经办时期，不遵其命对商局进行整顿，“阳奉阴违，往往自私自利，言之殊堪痛恨”。招商局实际成效是利商不利官，用李鸿章的话说，就是“官恤商而商不顾官”。于是，李鸿章下

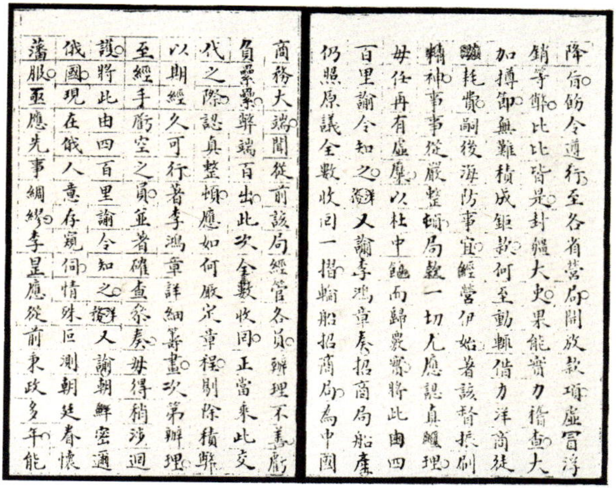

降旨飭令遵行至各省營局開放款項虛冒浮銷等弊比比皆是封疆大吏果能實力稽查大加撙節無難積成鉅款何至動輒借力洋商徒滋耗費嗣後海防事宜經營伊始著該督振刷精神事事從嚴整頓局款一切凡應認真釐理毋任再有虛糜以杜中飽而歸覈實將此由四百里諭令知之欽此又諭李鴻章奏招商局船產仍照原議全數收回一摺輪船招商局為中國商務大端聞從前該局經管各員辦理不善虧負纍纍弊端百出此次全數收回正當乘此交代之際認真整頓應如何厘定章程剔除積弊以期經久可行著李鴻章詳細籌畫次第辦理至經手虧空之員並著確查參奏毋得稍涉迴護將此由四百里諭令知之欽此又諭朝鮮密邇俄國現在俄人意存窺伺情殊叵測朝廷眷懷藩服亟應先事綢繆李昰應從前秉政多年能

要求招商局自旗昌洋行收回后加以整顿的上谕

决心对该局经营机制进行重大调整，“妥筹变通之策”，使自己既不失对于轮船招商局等洋务民用企业的控制权，又能在自己与企业之间建立一道“防火墙”，以减少政敌们利用招商局事务对他的攻击与干扰。

六 盛宣怀

此次变制的显著表现就在于设立了“督办”一职，令其对企业实施全权负责，从而改变了此前的企业治理结构，进一步明确了企业内的权力等级。督办持有关防，俨然企业的代表人，总办、会办及商董均由督办禀派，企业日常经营中的重要决策，督办都有决定权；凡涉及与官场交涉的事件，均由督办出面。总办、会办、商董等职，主要协助督办从事具体的经营管理事务。轮船招商局的“督办”长期由盛宣怀担任。

洋务大员李鸿章等人之所以同意由盛宣怀督办多家企业，用他们的话说就是因为“中国向来风气，官不习商业，商不晓官法，或即有勤于官、通于商者，又多不谙洋务”，唯独盛宣怀“能兼三长”。也就是说，盛宣怀不仅熟习洋务，而且对于吏治、民生都能“施措咸宜，经权悉协”。换言之，

“盛道才猷宏达，综核精详，于中国商务、工程、制造各事宜均极熟习”，他们甚至将盛看成当时官场最懂西法、商务之人。由此说明，盛宣怀出掌招商局，确实与其个人能力及官场人脉有很大关系。从另一方面讲，将招商局等多家企业交给盛宣怀进行总负责，也是李鸿章等人对洋务民用企业实行联合经营的手段。盛氏一人督办多家企业，为各企业在资金挹注、彼此参股方面提供了便利。轮船招商

谭泽闿为盛宣怀著《愚斋存稿》题写书名

◎小贴士

盛宣怀（1844—1916）：江苏武进人，字杏荪，号愚斋，早年入李鸿章幕府充当文案，是李鸿章洋务事业的得力助手。盛在轮船招商局创办初期就开始参与其事，担任会办等职。此外，盛还有多个行政职务，有大量的官场事务，先后任天津海关道、津海关监督等职，同时还协助李鸿章筹备其他洋务企业。继轮船招商局之后，盛宣怀复担任了上海电报局、华盛纺织总厂、汉阳铁厂、萍乡煤矿、中国铁路公司、中国通商银行等多家企业的督办，从而控制了庞大的企业网络，美国学者费维恺将之称为盛氏的“经济帝国”。

局就分别在汉阳铁厂、中国通商银行等多家洋务企业进行了投资。

虽然盛宣怀在清末最终遭遇了政治上的滑铁卢，但他在商界的发展却顺利得多，这多半与他以招商局为基础的发展谋略有关。他被后人称为中国近代“企业大王”和“中国商父”，也说明他在企业经营管理方面确有过人之处。

李鸿章对盛宣怀整顿招商局寄予厚望。本来盛宣怀历充招商局高管有年，亦曾受到营私舞弊指控，但李鸿章对他信任有加。关于整顿招商局的深意，他这样对盛谈心：

商局绵绵一线，不绝如缕，足下往年且曾因此得谤，现当整旧重新、抽帮换底之际，所冀振刷精神，破除情面，以廉静寡欲为体，以综核名实为用，做成铁板模样，使来者确不可移，庶商务蒸蒸日上，执事既雪前耻，而鄙人维持斡旋之苦心亦可无负。至于寂寞身后之名，不知谁何之誉，一笑置之可耳。

细读此语，可见李鸿章将自己对于招商局“维持斡旋之苦心”，以及对盛宣怀“雪前耻”“图后功”的期望一并说与盛宣怀，可谓推心置腹，情深意长。当然，要想将轮船招商局“做成铁板模样”，也确实不太容易。

盛宣怀督办招商局之后，首先确定招商局的经营理念为"非商办不能谋其利，非官督不能防其弊"，对于"官督商办"的性质进行再次诠释。他禀明李鸿章，制定并推行《用人理财章程》20条，掀起了招商局的重大改制。

具体而言，其用人方面的10条包括：（一）用人理财悉听督办调度；（二）设置会办三四人，由督办保荐，三年一任；（三）帮办董事分为揽载、运漕、银钱、保险、修验、煤料、翻译、赎股八股；（四）各分局总办皆称董事，办事得力而无亏空者酌量留用；（五）各局职员由各局董事自行选用；（六）各船职员应选择精明正派之人；（七）总船主拟在各船调用，每一年或两三年一换；（八）查账董事拟就大股商人公举数人；（九）得力董事必须优给花红，不得力者随时惩撤；（十）如旧人不用者，或荐来人员不得力而撤退者，交督办明白禀复，以免功堕半途。

其理财方面的10条包括：（一）招商股本200万两，连欠款共550万两，作为接管之成本。（二）聘请外国评估公司进行资产核查，即以公估之价作为实价，其余作为浮值，以后如有盈余逐渐弥补。（三）洋债限十年还清，计30万磅。所有官款83万两拟请奏明，俟洋款还清，再行分年在漕运水脚项下扣还各省。（四）招商局用朝鲜借款契据，向上海道库押借的20万两，除"利运"轮船售价7万两外，尚欠13万两，拟请俟朝鲜还与该局之后，即行转缴北洋归款。又直省藩库存款库平银10万两原系八厘生息，酌减为五六厘行息。（五）减低股息，外间股票市价每百两只剩五六十两，拟自光绪十一年（1885）七月起仍归每年六月底结账，按年暂给五六厘息。（六）仁济和存款70万两，以后给予年息五六厘。（七）贵池煤矿存款23万余两，改换为招商轮船股票2300股。（八）前任高管唐廷枢、徐润二人经手欠款曾禀明批准，由唐等清理前账，以应收之款抵还。如收抵有余，准其作为外结，以弥前亏。（九）收付均汇总于银钱股，采用四联票办法，第一联凭收付与银号结账，第二联如收款给予付银人为收条、如支款给予修舱股存档，第三联报督办，第四联存根。（十）自督会办以迄各局董事、司事人等，于应得薪水、花红外，不准丝毫挂欠本局，于轮船之外不准分做别事。

通过这20条新规，盛宣怀不仅将督办对于企业人事、财务大权的全面控制得以落实，而且从制度上划清了改制前后的资产关系，进一步清除了唐廷枢与徐润在招商局的影响。在盛宣怀看来，“昔之唐、徐，一坏于天心不顺，船险不能积；再坏于人心不齐，水脚不能实；三坏于财力不足，利息不能减”。盛宣怀对于唐、徐管理之道的改变，尤其是总船主轮流调换，以及财务四联票等业务章则的实施，也确实有利于改善招商局的经营管理。

盛宣怀同时经办多家企业，且时有政务在身，不能常驻商局，因此必须选派助手。马建忠长期与他合作，久任商局职务，堪称熟手。除此之外，正在丁忧的道员沈能虎托人求情，想入商局，盛宣怀难以推却，只好答应。没想到马建忠与沈能虎不能相容，多次向盛反映沈“处处疑忌，难以共事”。另一名会办谢家福也不积极。

盛宣怀在招商局对马建忠颇为倚重，平素商榷较多，经常将招商局的经营管理说成是他们共同的事业。他在光绪十六年（1890）初致马建忠的函中这样说道：

唐、徐之败也在于活动，我二人之胜也在于专一。若能仍守专一办法，再办三年，局中只要原股二百万，可有码头、轮船值四百万之产业，洋债、官款、存项一概还清，至其时我二人声名不患不居一等。

盛宣怀与马建忠两人在招商局共事的时间较长，一起完成了轮船招商局的“回赎”工作，对于一些重要的改章建制与业务开辟，多能互相商量，和衷共济，他曾鼓励马建忠“为中国千百年创商务之奇，胜于封侯拜相”。不过，盛对马也有不满，他曾对另一名会办谢家福说马建忠“恣横无忌，知其尽早必败”。后来，马建忠也终于奉饬离局。说明盛与马建忠、谢家福等会办之间的关系其实也很复杂。

七 官督办（下）

李鸿章本人虽然将企业交给盛、马等人，却也并未放松对于招商局的过问。例如有官员置疑同样行船，为何洋行获利多，而招商局获利少，李鸿章遂责问盛宣怀“究竟是何情弊”？要求其就“如何设法整顿”之处，切实查复，“勿稍含胡隐饰”。受责之下，盛宣怀颇感“悚愧”，不得不就招商局的运营成本与人力资源的现状与问题，以及改善与解决之道详细上陈，并信誓旦旦地表示：“职道等事事禀承宪台指示，黾勉从公，招徕众商，厘剔积弊，与洋商明与为缘，暗与为敌，渐收群力，日有起色……至情弊一层，职道等不敢谓丝毫俱绝，但自从旗昌收回后，严定章程，再三晓谕，时复明查暗访，一经有弊，不稍假借，即与惩究。”

李鸿章接报之后，转变态度，对盛宣怀等接办招商局后“厘剔积弊，实力整顿”之举及其成效加以表扬，但要

《盛宣怀档案资料选辑之八·轮船招商局》书影

求盛“应仍严督各船栈司事人等勤谨将事，广为招徕，勿任稍有营私弊混”，同时勉励盛不必瞻徇情面，畏势避怨，“总宜自立于不败之地，俾局务蒸蒸日上，虽有物议，自无后患”。

从严管理的目标在于使企业不断发展，蒸蒸日上，只有如此，面对各种浮言才能有底气，才无“后患”。提高企业绩效，是李鸿章和盛宣怀共同关心的议题。

改制之后，李鸿章向朝廷奏准进一步从政策上扶持，招商局的业务特权较前增加，包括增加运漕价格、运漕回空船减免税、华商由湖北搭乘招商局轮船运茶出口税负减轻，以及招商局所领官款暂缓还本等。

朝廷的政策扶持，加上招商局对内不断规范规章，减缩成本，核定资产；对外与太古、怡和续签联运合同，保持运价平稳和市场格局，使招商局一度赢得了较好的运营环境与条件，企业发展相对较为顺利，“经济亦因之而宽裕”。

盛本人虽身为督办，却对企业商办之路素来重视。他和马建忠商议之后，禀明李鸿章，拟在招商局所领公款还清之后，“仿照公司章程，公举董事。以后总办即由董事公举，不归官派”。而李鸿章却当面告诉他，董事可以举用，而“总办仍应大宪酌派”。李还告诉盛，即使官款还清，但招商局“仍是公局，必须官为扶持。中西情形不同，未便悉仿西法”。他还强调指出，“从前唐、徐屡言不要官问，究不可靠”。

虽然李鸿章执念于“官督”，但当招商局在1890年左右还清官款之后，其管理体制还是出现了变化。先是马建忠离局，谢家福又因病难以胜任，盛宣怀遂征得李鸿章批准，以向来驻局办事之严潆、唐德熙和陈猷三人充为商董，此时，虽然沈能虎仍以会办身价驻局，但“官督”的色彩大为减弱，而“商办”趋势日渐明显。

事实上，自从改制加强“官督”之后，就引起了企业内部主张“商办”者的反弹。例如谢家福虽列名“会办”，却极力主张选举商总。他在招商局改制之初力辞会办之职时，就曾给李鸿章上过说帖，表明要求招商局实行“商办”的态度。他特别指出，没有优秀的“商总”，“重其事权”，使之“操纵自如”，则“虽官督有人，亦无济也”。

辞职未果的谢家福在此后数年的管理实践中，愈加感觉到选举“商总”的必要，多次与盛宣怀进行过开诚布公的交谈。当谢家福因病求退之时，向李鸿章推荐徐润重新出山，担任商办，言之谆谆，推心置腹。

李鸿章本人对于官督商办的态度也并非偏拘一途，他主要考虑的是企业的经营与发展。他在初期给予了招商局等洋务企业较大的“商办”自主权，后来发现长此以往，企业会出现“利商不利官”的窘境，所以不得不加强“官督”。

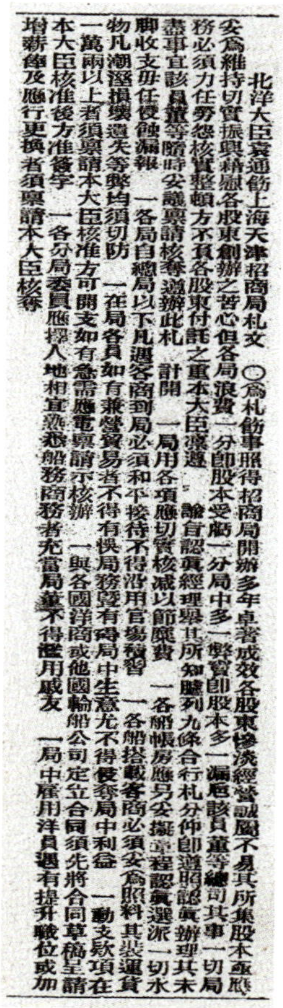

北洋大臣袁通飭上海天津招商局札文 ○為札飭事照得招商局開辦多年卓著成效各股東慘淡經營誠屬不易其所集股本亟應妥為維持切實振興藉慰各股東創辦之苦心但各局浪費一分即股本受虧一分局中多一弊竇即股本多一漏巵該員董等總司其事一切局務必須力任勞怨核實整頓方不負各股東付託之重本大臣深遵 諭旨認眞經理舉其所知臚列九條合行札分仰即遵照認眞辦理其未盡事宜該員董等隨時妥議稟請核奪遵辦此札 計開 一局用各項應切實核減以節糜費 一各船帳房應另妥擬章程認眞選派一切水腳收支毋任侵蝕漏報 一各局自總局以下凡遇客商到局必須和平接待不得沿用官場積習 一各船搭載客商必須妥為照料其裝運貨物凡潮溼損壞遺失等弊均須切防 一在局各員如有兼營貿易者不得有悞局務致有礙局中生意尤不得侵吞局中利益 一動支款項在一萬兩以上者須稟請本大臣核准方可開支如有急需應電稟請示核辦 一與各國洋商或他國輪船公司定立合同須先將合同草稿呈請本大臣核准後方准簽字 一各分局委員應擇人地相宜熟悉船務商務者充當局董不得濫用戚友 一局中雇用洋員遇有提升職位或加增薪俸及應行更換者須稟請本大臣核奪

袁世凯饬招商局文（《申报》1903年1月10日第2版）

不过，这并未影响李鸿章在保持“官督”机制之下，对于调动“商办”积极性的重视，他看到谢家福的建议之后，觉得“甚为有见”，“议论颇是”，于是令谢家福推荐的商总办要征得盛宣怀的同意。盛宣怀本人与徐润素有矛盾，故难以“从善”。徐润重新担任招商局会办则是在十余年之后了，此间招商局内外环境均已发生巨大变化。其中最大的变化就是李鸿章于1901年去世，袁世凯继任直隶总督兼北洋大臣，遂对招商局权力结构进行重组。1903年，袁令盛宣怀去职，将督办之职改为“总理”，以其所信任的杨士琦充任该职，会办之职中除了沈能虎等三人，增添徐润。另将商董改称“总董”，由唐德熙、施亦爵等人担任，自此，招商局进入后盛宣怀时期。机制虽变，但招商局的“官督”色彩未减，不仅人事受制于官，招商局对于朝廷除了以每年盈余的两成用于常规“报效”之外，还得承担不时之需索。不过，随着招商局资产与业务的扩充，以及社会环境的变化，“商办”的诉求也在不断增加。

八 争商办

轮船招商局的商办注册运动与晚清政策环境变化有很大关联。

先是，官督商办这种“屈服公司于专制政体（之下）”的企业机制，愈来愈遭到社会各界的批评，郑观应每以西方公司之例为参照，抨击“官督”机制，尤其喊出了“名为保商实剥商，官督商办势如虎”的声音。陈炽说道，如果洋务企业“取大众之悭囊，以饱一二人之私囊”的弊端不除，则“欲纠股集资，冀中国商务之能兴，公司之能立也，虽良马生角，黄河可清，不可得矣”。汤寿潜指出，“官督商办”的结局，“势不至本集自商，利散于官不止”，此法不改，“虽布金满地，如取如携，未有能富者也”。麦孟华认为洋务民用企业采用公司机制虽为“良法美意”，但“以官督而悉败矣”。何启、胡礼垣批评道，中国创办公司，“办法之不善，其一首在于官督商办也”。国子监祭酒王先谦在条陈洋务事宜时明确指出，“大抵兴利之事，官办不如民办”。御史陈其璋也提出应鼓励商民“仿照西洋公司之例”。可见，批评“官督”、鼓励“商办”者来自官绅商学各界，他们的表述虽不尽相同，但均有一个共同指向，大致可以用何启等人的一句话来概括，即“商之可以办，官之必不可以督”。

在“官督”与“商办”较量的过程中，随着国内外形势的发展与变化，清政府对于“商办”的态度也在不断调整。光绪二十一年闰五月二十七日（1895 年 7 月 19 日），光绪帝发布谕旨，要求将“恤商惠工”等项“实政”及时举办。同年六月二十一日（8 月 11 日）继发谕旨，令原有官办局厂“从速变计，招商承办……一切仿照西例，商总其成，官为保护”。光绪二十九年（1903）四月，清政府成立专门的商业管理职能机构——商部，“以顺商情、保商利为宗旨”。该部官员在一份奏折中反省道，“查泰西各国商政，首重设立公司，中国……从前各省开设局厂，或官督商办或官商合办，每因章程不善，未免有牵制抑勒等弊，以致群情疑阻”，所以该部力图将从前“所有牵掣抑勒之弊……痛加扫除，以副国家保惠商人之至意”。该部官员在施政纲领中提出，扶助设立铁路、矿务、工艺、农务等项公司，均由商民自办，“并不用官督商办名目，亦不别派监督、总办等员，以防弊窦”。

光绪二十九年十二月五日（1904年1月21日），由商部拟定的中国历史上第一部公司法——《公司律》奏准颁行。该律不仅只字未提“官督商办”，而且赫然写道，“无论官办、商办、官商合办等各项公司及各局……均应一体遵守商部定例办理”，“附股人不论职官大小，或署己名，或以官阶署名，与无职之附股人均只认股东一律看待，其应得余利暨议决之权以及各项利益，与他股东一体均沾，无稍立异”。这些规定，至少在法律文本上清除了企业中的各项特权，体现了股权平等的经营原则。该律还对股东会、董事会的设置做了具体规定，为公司股权的运作提供了指导。《公司律》的颁布，确立了晚清公司的准则主义机制，既促进了商办公司的大力发展，也为轮船招商局的转型提供了机遇与条件。

《公司律》颁布后，轮船招商局的商股有了同官权对抗的法律依据，由于该局官款早已还清，所以要求实行商办的呼声日益高涨。正如郑观应指出：“当大集股东会议公举董事，具禀商部注册，则根基稳立，然后再图整顿。否则委员恃有护符，积习难除，上下侵蚀，百弊丛生，商战日剧，恐如江河日下，不可收拾矣。”这种呼吁无疑代表了当时绝大多数商股的心声。光绪三十三年一月六日（1907年2月18日），该局部分股东在上海召开会议，议定按照商律注册，并要求“撤去‘官督’字样”，企业高管由股东推举，一切程序均遵照公司之例办理。同时，招商局在香港、澳门的股东也开始行动，予以响应。

郑观应是招商局商办注册的积极策划者，他在已失掉招商局督办大权的盛宣怀的支持下，在上海等地设立了股东挂号处，进行股权登记。计划在各埠挂号之股达到总股本的十分之七时，就召集股东大会，妥议章程，进行“商办”注册，使公司此后“永归商办”。如若官方不予同意，郑观应等人还准备动员众股东签名，并公举代表赴京请愿，“务须达其目的”。该局股东还对照商律，鞭挞“官督”之弊，他们以该局第三十五届年结为例，指出其八处“不合商律者”，呼吁“我股东亟宜及早挽救，勿避嫌怨”。

《郑观应集》书影

此时，商部已于光绪三十二年（1906）改组成农工商部，清政府另外成立了邮传部，专管轮船、铁路、电报与邮政通信四政，招商局的商办注册，主要是与这两个中央职能部门打交道，障碍主要来自后者。

为了推动公司商办化进程，轮船招商局沪、粤、港、澳股商严义彬等三十多人联名呈书邮传部，提出“局名招商，完全商股，从前未颁商律，无可遵循，现值商智开通……环乞宪恩，准由轮船股商就沪设立董事会，集思讨论，以符商律，而安各省股商之心”。邮传部表示同意，并要求“组织会中一切章程，必须恪遵钦定商律办理”。至宣统元年（1909）五月底，仅上海一处股商持票挂号者就已达27000多股，“已得股份全额十成之六”，召集股东会、选举董事的时机日渐成熟。1909年8月15日，轮船招商局股东在上海张园举行特别股东大会，选举盛宣怀等九人为董事，并选盛宣怀为董事会长。而盛宣怀则以自己是朝廷要员，若担任“商选”之职务，“似于体制非宜”，故予“婉却”。但招商局301名股东联名援引《公司律》第44条“附股人不论职官大小，或署己名，或以官阶署名，与无职之附股人均只认为股东一律看待”的规定，请求邮传部同意盛宣怀履行股东会决议，邮传部只得电告盛宣怀接受董事会长一职。

然而不久后，邮传部奉旨对招商局实行专管，愈益加大了对该局的督办。9月2日，邮传部本着“所有用人办事由部监督，派员办理”的原则，对招商局札委正坐办一员，令其“总理一切”，另任命了副坐办、会办等职。同月，招商局董事会向邮传部呈递了《轮船招商局股份有限公司隶部章程》8章52节，要求“恪遵钦定商律，悉照股份有限公司办理”，且应照股份有限公司律赴农工商部注册，但“随时随事禀请部示”。该章程的绝大多数条款都套用了《公司律》原文，以增强其法理性。同年10月22日，招商局获准在农工商部注册，但并没有实现商办经营，因为邮传部官员一直在作梗。该部对招商局董事会所呈送章程进行了大幅批改，指出该局虽已为“完全商股”，但并“非完全商办”；虽然同意该局在某些经营环节可以“依商律”，但又坚持“恪遵归（邮传）部管辖之谕旨，并援照北洋成案，所有本局用人办事，由部监督，并派员办理”，董事会的作用只是“助官力所不及”。招商局董事会对邮传部批改后的隶部章程颇为不满，指出此举实乃“削股东之权，寒股东之心”，遂对部改章程进行签注，对邮传部的各项意见进行了驳斥，并油印成册，广泛散布。1910年6月12日，招商局在上海张园举行第一次股东大会，五百余人出席。选举盛宣怀为总理，杨士琦、李国杰为协理。会议公推张志潜、李国杰为赴京代表，要求争回商办。邮传部对于招商局董事自行举定总协理一事，深表“诧异”，指责董事会“徒尚意气”，“自背旧章”。该部坚持“凛遵谕旨，确守成规，仍照用三员三董，实行官督商办”。10月，招商局董事会第三次呈书邮传部，揭指部委局员的种种弊端，指出“与其徇护四五局员，使官累其名，员蚀其利，局受其害，毋宁听商之遵依法律，反败为胜”，只有“悉照商律办理”，方能使“官商悉泯猜疑，局务或真有起色”。还有人就邮传部阻挠招商局实行商办，同该部此前将电报局强行收归国有一事联系起来，愤怒声讨该部“假邮传之名，夺商办已成之利，阴欲借此以遂其借债肥己之私图”，“其影响遂及于全国实业之前途”。面对招商局股商持续的商办请求，同时也为了防止招商局内部斗争不可收拾，贻误大局，邮传部不得不作出让步，对该局实施所谓改良办法。

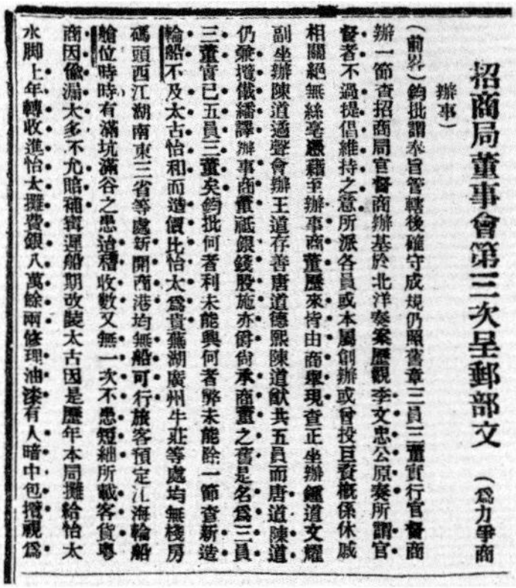
招商局董事會第三次呈郵部文（爲力爭商辦事）
（前略）鈞批謂奉旨管轄後確守成規仍照舊章三員三董實行官督商辦一節查招商局官督商辦基於北洋奏案歷觀李文忠公原奏所謂官督者不過提倡維持之意所派各員或本屬創辦或曾投巨資概係休戚相關絕無絲毫憑藉至辦事商董歷來皆由商舉現查正坐辦鍾道文耀副坐辦陳道遹聲會辦王道存善唐道德熙陳道猷共五員而唐道陳道仍兼攬儎繙譯辦事商董祗領錢股施亦爵尙承商董之舊是名爲三員三董實已五員三董矣鈞批何者利未能興何者弊未能除一節查新造輪船不及太古怡和而造價比怡太爲貴蕪湖廣州牛莊等處均無棧房碼頭西江湖南東三省等處新開商港均無船可行旅客預定江海輪船艙位時時有滿坑滿谷之患進積收數又無一次不患短絀所載客貨專商因偸漏太多不允賠補寗遲船期改就太古因是歷年本局攤給怡太水脚上年轉收進怡太攤費銀八萬餘兩修理油漆有人暗中包攬視爲

《招商局董事会第三次呈邮部文》局部（《申报》1910年10月13日第5版）

1911年8月，邮传部核准《商办轮船招商局股份有限公司章程》30条，规定该局“实行公司商办主义”，“悉按商律股份有限公司办理”。

九 革命后

1911年辛亥革命爆发，中国的政治与经济环境发生了重大变化，而轮船招商局的经营与发展并未因为新时代的到来而更上台阶。该局虽然改为“商办”，但受战局和政局影响，经营绩效不升反降。尤其是武昌起义爆发后，招商局长江航运停滞，汉口货栈被毁，漕运取消，沪军都督陈其美以大清银行的存折为抵押向招商局借款，南京临时政府一度以局产押借外债，纷扰不已，致使该局业务停顿，入不敷出，不得不靠举债维持。

1912年3月31日，轮船招商局在上海张园召开股东大会，选举伍廷芳、杨士琦、温宗尧等九人为董事，推举伍廷芳为董事会主席。同时，招商局此前由“总董”改名的“办事董事”，则又被改为“经理”，仍由唐德熙、陈辉廷和施亦爵担任。

面对公司危局，新当选的董事会不得不筹商应变之策。1912 年 7 月 1 日，招商局再次召开股东大会，由董事会提出了聘请洋人担任经理、出租于殷实华商和另卖于别的公司三项整顿方案，经过股东公决，绝大多数赞成第三策（同意此策者共 17482 权，占投票总权数的约三分之二）。由此确立了招人出资，承顶招商局的改组方针。此后，分别以刘学询和曹锡圭等为代表的“新公司”，积极要求接办招商局，双方进行了长时间的往复磋商。最后达成初步协议，新公司初步同意以 800 万两接办招商局产业。但招商局管理层以及部分股东则对刘学询的所谓“新公司”有无如此巨款表示怀疑，纷纷指责董事会与刘学询秘密串通，盗卖局产，乃至从股东到社会团体莫不以为轮船招商局可能被出售于一个实际上由外国资本尤其是日人资本控制的公司。于是函电纷驰，集会频繁，强烈要求保护中国航运权和股东利益，江苏都督、交通部、参议院和临时大总统袁世凯均予关注，纷纷插手。在此情况下，招商局董事会不得不宣布结束与刘学询的磋商。

在磋商过程中，招商局经理层与董事会发生了大规模的冲突，标志着公司“员董矛盾”的升级与爆发。

在轮船招商局内部，经营管理方面存在的问题久成痼疾，严重制约着企业的发展。时人称，“招商局设立数十年来，营业不能振兴，实因内容腐败，危险万状，资本亏蚀，颇难支持”。本次改组的起因，就是新当选的董事会欲对该局管理层进行大的变更，以改善经营，开拓业务，提高绩效。此次整顿的直接利害关系人首为招商局的管理层，因而从一开始就受到他们的阻挠。正如董事温宗尧在一份公函中所说：“此次内讧之远因，实由本届董事力求整顿局务，开罪办事人而起。如买办投标，购煤投标，皆大有利于局务，而大不利于办事人者也。……盖凡整顿各事，有利于本局者，无不有害于办事人。”一旦董事会欲将管理层“数十年营私殖利之窟穴而扫除之”，则其只有“拼万死不愿一生之力与之相搏耳”。温氏此言，剔除个人情绪宣泄的成分，也不能说完全没有道理。

董事会对招商局进行改组的原因在于该局“积弊太深”，但管理层则对董事“一则曰招商局腐败萎缩，再则曰招商局腐败萎缩”深为不满，公开发表布告为自己邀功。在董事会与新公司代表刘学询等人磋商的过程中，招商局的陈廷辉等三位经理一直未参与其事，不满情绪渐长。于是提出分派招商局97万多两公积金，作为管理层花红的要求。董事会自然难以接受，终于酿成了董事会与管理层之间的激烈冲突。8月4日，招商局百余名职员在三位经理的带领下，将董事伍廷芳、温宗尧等人诱来，困于一室，强迫答应其要求，并最终将温宗尧殴伤。

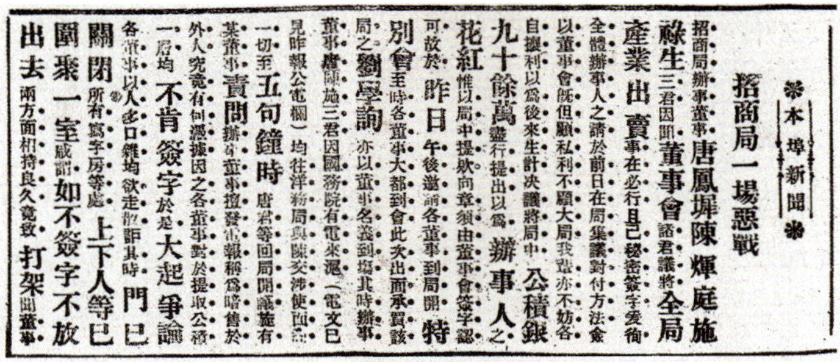

本埠新聞

招商局一場惡戰

招商局辦事董事唐鳳墀陳輝庭施祿生三君因與董事會諸君議將全局產業出賣事在必行且已秘密簽字委託全體辦事人之請於前日在局集議對付方法僉以董事會既但顧私利不顧大局我輩亦不妨各自攫利以爲後來生計決議將局中公積銀九十餘萬盡行提出以爲辦事人之花紅惟以局中提欵向章須由董事會簽字認可故於昨日午後邀請各董事到局開特別會至時各董事大都到會此次出面承買該局之劉學詢亦以董事名義到塲其時辦事董事唐陳施三君因國務院有電來滬（電文已見昨報公電欄）均往洋務局與陳交涉使晤洽一切至五句鐘時唐君等回局開議旋有某董事責問辦事董事擅發告報稱爲暗售於外人究竟有何憑據因之各董事對於提取公積一層均不肯簽字於是大起爭論各董事以人多口雜均欲走避詎其時門已關閉所有寫字房等處上下人等已團聚一室威嚇如不簽字不放出去兩方面相持良久竟致打架聞董事

关于招商局股东会打架的报道（《申报》1912 年 8 月 6 日第 7 版）

这次事件实际上是招商局董事会与管理层长期矛盾的集中爆发。事件之后，双方各自的做法，又使彼此走向进一步对立。管理层以集体名义刊登广告，对本次事件做了说明，谓“如此野蛮董事，其平日在会，专以意气用事，任性武断，凌辱办事之人，无所不至，到此地位，万难再行承认，特此登报布告，俾众周知”。并要求股东速即开会，决议善法。

管理层不承认董事，更加激起了董事会的义愤。伍廷芳、温宗尧、陈可扬等董事联名公告股东，予以驳斥。经此冲突，招商局董事会的权威受到管理层的极大威胁。董事会主席伍廷芳对股东发表告示声明：“廷芳虽不才，终不敢忘董事仍为诸君之代表，司事仍为诸君之公仆，董事受辱，则辱及股东。”他本人的境遇使股东蒙羞，“自愧不胜董事之任”，故宣布辞去董事一职。剩下的董事温宗尧、陈可扬继续与管理层对阵，他们以董事会名义宣布取消经理唐德熙资格，另委关子明接任。管理层则运动股东与社会团体开会，商议“驱逐”温、陈办法。

招商局管理层与董事会之间矛盾的激化，实由组织新公司而起。尤其是粤籍董事伍廷芳、温宗尧、陈可扬等与管理层之间的矛盾由来已久。据盛宣怀的一位亲信称，粤籍董事“目办事人为毒疮，谓不去腐则不能生新”。而盛的另一位亲信则这样向盛汇报此次事件的前因后果：“商局另组致起风潮，其中原因甚多。其咎在董事者，则粤（董）平时对于办事人礼貌既差，吹求过甚，竟欲不辨贤否，将全体更换，别为安插同乡地步，以致激动公愤。其咎在办事人者，则根深蒂固盘踞把持，实所难免。又值粤董办事过于激烈，不惬舆情，遂藉要索公积为名，耸动全体反对，致演成此愁惨之状态。”

粤籍董事在辛亥革命之后，成为招商局董事会的主导力量，力主改革局务，且对管理层的权势形成明显制约。一名办事人在民国元年的董事会选举之后，这样向盛宣怀报怨粤籍董事的“骄横”：“论之选举权数，泗州（即杨士琦）居首，伍（廷芳）乃第七，而伍仍傲然以首席自命，目今时势使然也。今年新章，凡出款在二十五两以上者，皆须陈可扬签字，方可照付，视办事人如土芥、如寇盗矣。若大之局面如此行径，徒为有识者笑耳。……自有董事会以后，事权散乱，蔑视办事之人，居高临下，气焰熏人，动辄生疑，以致人心日散。”

由于同董事会尤其是力主改革的粤籍董事之间矛盾日深，办事人为了维护个人权势与私利，成为反对招商局改组尤其是组织新公司最力的人群。在本次招商局改组风潮中，管理层利害攸关，但又未能参与决策，于是纷纷指责董事会“秘密”会谈，串卖产业；他们抓住“新公司”代表人个人信誉不佳，不能排除吸纳洋股或抵借洋款的敏感问题大做文章，鼓动舆论，从而给招商局与新公司的交涉制造了诸多障碍。

辛亥革命爆发后，盛宣怀的政治靠山已去，且被目为革命之敌人，所以不得不亡命日本，失掉董事会长之职，丧失对招商局的控制。不过，他在招商局从股权到人事毕竟还有雄厚的基础。1913 年 6 月招商局开股东大会时，为选举董事及查账人，曾对该局一百股以上之股东的股份进行过统计，在总计 2441 股中，盛宣怀独占 500 股，为最大股东。况且盛宣怀在招商局经营多年，增添了大量的亲信与拥趸，这些又是盛宣怀重新掌控招商局的依恃。在招商局改组过程中，围绕着权力的重新配置，盛宣怀势力集团与反对者进行了激烈的争夺，进一步增加了改组进程的复杂性。据温宗尧的划分，招商局股东“大约可分三派，一为广东股，一为安直股，一为盛宣怀股。盛股占最多数，广东股多于安直。而广派意主急进改良，安直派则时为盛氏所左右”。不过，安直派之董事如杨士琦、李叔云、张仲炤，“始终与广东董事一致进行，以御盛宣怀”。

武昌起义之后的国内政局对盛宣怀非常不利，且直接影响到了盛氏集团的经济权益。不过，随着国内政局的变化，盛氏所受的冲击逐步减弱。为了恢复自己的社会地位与经济权势，盛宣怀除通过亲家孙宝琦向袁世凯等人疏通外，不惜捐弃宿怨，主动向袁世凯、唐绍仪等人献媚，攀好中央和地方官员。

盛宣怀的多重活动，效果是明显的。不仅他的绝大多数财产陆续被发还，政治地位逐步抬升，而且他在招商局的影响亦重新增强。当招商局董事会与计划接办该局的新公司的谈判最终破裂后，该局于 1913 年 6 月召开常年股东大会，经过投票，盛宣怀以得票最多（5016 权），当选新董事（共计 6 人），较得票次多数的唐凤墀多出 1038 权。本次选举出的新董事中，有曾被该局董事温宗尧、伍廷芳等极力指责的办事人唐德熙、陈辉廷、施亦爵，以及上届的查账员傅筱庵，还有与盛宣怀关系素契的郑观应。在选留的三名旧董事中，除杨士琦外，还有王子展与周金箴。新当选的查账员为顾咏铨与张知笙。他们绝大多数均是盛宣怀阵营中的人，而相形之下，温宗尧、伍廷芳、陈可扬等与盛氏集团对抗的前粤籍董事则落选。这再次说明盛宣怀在招商局的雄厚势力基础。据云，在股东大会开会之前，不少股东以盛氏“老马识途，欲举（为）会长”。而盛则拟推杨士琦为正会长，自己甘愿居于“次席”，表现出了重新掌控招商局时的谨慎。后来，招商局董事会果以杨士琦为会长，盛宣怀为副会长。

在本次改组过程中，北洋政府也在行动。承袭晚清邮传部职能的交通部打出“注重航权”的旗号，借机策划重新控制招商局。该部向国务院建议，“无论如何为难，当由中央补助，拟按照资本四百万（两），每年由政府保息一分，参酌各国成案，特订补助章程，并由部特派专员实行监督，以重局务”。总统袁世凯认为该部“所拟尚属平妥”。8 月 26 日，交通部正式向国务院提出《维持招商局意见书》，声明该局官督商办之性质，“至今并未更改”，维持办法应“仍由交通部按照官督商办成案全权办理”。这一方案在当时又被称为“监督商办”。

为了实施对招商局的“监督”，总统府特派施肇曾前往上海实地调查磋商办法，施肇曾在给总统府的电文中汇报自己的活动，并为当局决策献言，以“收归国有办法”为“最不可失之机”。时任袁世凯顾问的熊希龄也极力主张将招商局收归国有，他在致袁世凯的密电中这样说：“招商局案，旧公司腐败野蛮，新公司又多破产，商及穷措大，安能有此巨资？其中不无疑窦。交通部对于此案应有一定办法，毋为所摇。龄意该局不售则已，与其售与新公司，易滋国民疑虑，不如暂时收归部有，将来商民有款，仍可承购。目前该部只须现款四百万（两），公债四百万（两），已足济事，较之每年补助为妥。”

但是在招商局内，对于政府的决策，并未掀起热烈响应。关于如何与政府合作，招商局内部也不统一。据随时关注局势进展的盛宣怀某亲信在密信中讲：“至于善后办法，则办事人如此，粤董如彼，欲以商力廓清积弊，整顿补苴，万万不必再作此痴想。交通部昨有每年津贴一分息之说，果尔，官利应可有着。然除官利之外，每年仍有亏损，势不得不仍由局产弥补，久之，局产逐次消耗，血本仍归无着。昨与泗州（杨士琦）密谈，渠亦反对此事。……泗州之意，拟俟部员到沪开会提议，仍以照与刘原议之价，以八百万收归国有，一切听部所为，每股净得现银二百两，是为上策；如部中并无现银，则与订明条约按八百万包与政府，由政府每年照八百万之六厘息，付给股东息银四十八万，俟大借款告成，政府财力充裕，何日将八百万偿还，何日将利息停止，此为中策；请政府出现银六百万，以四百万给还股东，而股票四百万照旧另填新股票四百万，作为官商合办，其余二百万作为政府借给商局之款，官派一监督，商推总、协理，举所有董事会一切而芟汰之，是为次策。”

其他董事也有不同的意见，据施肇曾向中央汇报，有四种方案："甲、仿照外国邮船会社办法；乙、政府承认保息办法；丙、官商合资办法；丁、收归国有办法。"在各项方案中，"以伍（廷芳）董（事）主张甲说为甚，乙说少数赞成，谈者亦不置可否，董事暨维持会则持丙说较多，泗州暨温君宗尧及武进代表均以丁说为不祧之义，且主持丙说者虽多，倘丁说果行，丙说亦未能胜所有"。

而部分股东则公开抵制官方的干涉计划。1912年10月，张士记、杨冀如等三十多户股东发起设立了专为抵制官方干预的"股东联合会"。该会向全体股东发表公告声明：

我血本所关之招商局，办事人侵蚀于前，交通部觊觎之于后，并闻曹汝英已奉密派为督办，施肇曾为会办。曹、施二人利令智昏，欲施其攫夺之手段，以遂其官督商办之野心，我生命财产所系之各股东，势难坐毙，亟宜群策群力，共谋抵制之方……凡招商局真正股东，务希即日来会挂号，协谋进行手续，以团结一气，共救危亡。

该会还致函招商局董事会，请"共图良策，以救危亡"，并请伍廷芳"强扶杖履，出而维持，以保存此垂亡之局"。股东李征五等也在致总统袁世凯与国务院、交通部、工商部的公函中指出：

航业为商家固有之性质，航权亦国家天然之责任，国家既不能藉护航权攫取商家之航业，商家亦不能恃其航业，抹煞国家之航权。此次派员到沪，未经正式谈判，即行痛遭驳斥。窃谓民国方新，应将“官督”“官合”“国有”种种专制时代之积习一律扫除净尽，酌一切实可行之办法，悬之国门，惟股东自择，则航权可稳，航业可安。

此段表述，对“航业”与“航权”的关系做了精到的说明，同时也表达了股东反对“官督商办”“官商合办”与强行收归国有等“专制”行政手段的心声。他们尤其担心政府通过“合办”方式，“以无期之债票易我股东血本”。

社会团体亦不赞成将招商局收归国有。中华实业联合会等团体公开致电中央政府，指出“该局积弊之深，正由于前清专制官督商办所致，现在民国共和，岂宜再蹈覆辙。况航业、铁路不同，此端一开，将来一切商办公司皆可收为国有，影响商业前途甚大，国民万难承认”。交通部不得不表态：“航权为国家所必争，航业无国有之必要，苟非商民力不能胜，何待国家营办？”随着1913年6月22日招商局举行股东大会，重新选举了董事会，北洋政府对招商局改组的干涉暂告一段落。

十 局产分

经历了民国初年的政局动荡与经营风波之后，招商局迎来了一段时间的发展，企业规模日渐扩充。1913年，轮船招商局进行了一次全面的清产核资，各项产业总值达1760余万两，为400万两股本总额的4.4倍，乃至出现“资本多而股票少”的局面。为了便于管理，招商局在1914年进行了船产分离的重要改革。具体而言，将航业资产估价1376万两，填製航业新股票840万两，以800万两分给股东，股东执旧票100两者换给新票200两；另以40万两分给新、旧各管理人员，作为公积花红。其余536万余两存作公积，并备还欠款及修理等项之用。此项新股票名曰“商办轮船招商局有限公司股票”（简称“航业股”），共计84000股。另就无关航业的资产估价384万两，以其中的321.5万两，合440万元，填製产业新股票，名曰“积余各埠产业有限公司股票”（简称“产业股”），以400万元分给股东，以40万元分给新、旧管理层，作为公积花红，剩余的62万余两，作为各埠进行建设之用。此项新股票，每股银币100元，共计44000股。经此分离之后，航业与产业两项各立公司，分别管理，于是在招商局内部析出一个“产业积余公司”，成为招商局的一个子公司，仍受招商局董事会监督，并由董事会公举身家殷实、确有经验者担任科长，专司其事。经此改革，轮船招商局的账面股本改成了840万两又440万元。

这个方案于1914年2月16日招商局在上海张园举行的股东大会上获得通过，正式生效。没想到遭到北洋政府交通部的反对，该部发表声明，否认招商局此举的合法性，其理由是，根据向例，招商局产业如有变更、买卖与交换等事，必须禀部核准，方能生效。现在该局所拟变更股本、析分公司办法，“关系至为重要”，却并未征得交通部审核同意。该局财产实存若干？所估价值是否正确？对外方面有无应还债务？公司财产析分办法是否适当？“均应详细调查，以昭妥慎”。所以交通部当会同农商部切实审查，“所有此次办法非由两部核定，不能作准”。在未经部核准以前，所有与该局“新股票”有关的一切变更均为无效。

交通部此举激起了招商局股东的愤慨，群体指责该部“破坏商业，剥削民权，莫此为甚”，其“强蛮手段，明系破坏我商业，剥削我民权，无此公理，无此法律”。要求招商局董事会积极抵制，维护原案，“无论政府如何强迫，亦不能稍有通融，百折不回，坚持到底”。

招商局董事会亦起而力争，针对交通部所列各点，逐项回复。例如交通部指出招商局将不属航业之产业另立公司，未经核准注册，所以不能刊发股票。招商局董事会答复，本公司资产中航业与产业两部分，“实系子母相生，数十年经营发展所积而成，非新创公司及加增现资可比”，将两部分资产分设机关，各自管理，也是为了提高资产运营效率，增加招商局股东整体利益。且以资产增值而填发股票，乃股东自有之利益产业，亦股东应有之事权。况积余公司仍附属于招商局，同隶一个董事会，盈亏利害同属股东担负，分而为二，其实仍系一家企业。董事会还援引招商局早年设立的仁济和保险公司另刊股票之例，说明积余产业公司实系同一办法，“自可引为比例”。因此招商局决议析分公司、通知股东换票之举，“核与《商律》、商情确无违背”。董事会还向股东保证，“惟有守定股东大会公决议案，据理直言，不敢稍有游移，致负委托，以期保全一公司之血产，即以维持我全国之航业航权。”

而交通部则要求招商局先将股东换票工作暂停，以待交通与农商两部“切实审查”，而“未经部核定以前，如发给股票，不得作为有效”。招商局董事会答复，股东对于交通部的这一批复，“众论哗然”。他们认为招商局并未将产业出售外人，仅照估价换给股票，“此乃股商主权，照《商律》，官难阻止”。交通与农商两部担心股东瓜分资产，使“股票浮于产业”，实无必要。股东公派多人，已经审查确实，产业估价较之股票总额尚有盈余数百万两，“以后生意盈亏、股票涨落，皆属股东承认，政府非如各国优待保利，亦无补助奖励，则股票如何变更，官实不必过问”。

后面这句话直接出现在招商局董事发给交通部的电报之中，而相关电报又都刊登在《申报》等大众媒体之上，并未顾及交通部官员的“脸面”。后者在发给招商局董事会的电报中这样说道：“所称‘股票如何变更，官实不必过问’等语，不特与设局章程不符，即中外《商律》亦属无此办法。凡公司加增现股本，尚须经政府核定，方能作准。该局以物值加增虚股，是否属实？自应听候查验，以昭实在。”交通部提出一个重要的质疑，即“该局债

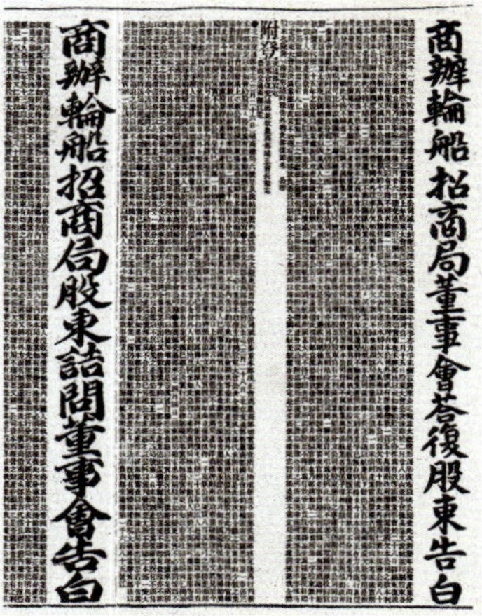
商辦輪船招商局董事會答復股東告白

商辦輪船招商局股東詰問董事會告白

轮船招商局董事会与股东会相关公告（《申报》1914年4月8日第1版）

务一日未清，则产业当为债权者所有，不能自由朋分，置债权于不顾”。

如果从保护公司债权人的角度，交通部的考虑无疑没错。但交通部当时的真实想法，则是借机加强对于招商局的管控，甚至希望将其收归国有。交通总长朱启钤向总统袁世凯呈称，轮船招商局变更旧股，加增新票，难保无变卖抵押、辗转归与外人情事，请派人督理稽查。袁世凯遂令委杨士琦为招商局督理，进行审查。

此时，招商局的股票改换工作早已开始，股东换票者相当踊跃，董事会骑虎难下，经过委派董事王存善与交通部反复沟通，最后达成一项折中办法，即“于两种股票上分别加盖戳记，所有股票户名，积余、产业均不得分离为二”，以期“既可协众商之公意，亦可杜后日之弊端”。此举也得到袁世凯批准，袁还专门发布“命令”进行威慑。

轮船招商局于是仿照仁济和保险公司之成例，正式成立“积余产业有限公司”，其所有应举董事、查账等员，仍由招商局董事兼任，并由会长负完全责任，唯须另举经理常驻公司，进行管理。积余公司“收支各项及各埠转账之款，仍由招商局会计科专派一人分管，仿照仁济和保险公司办法，与招商局往来存该各项，周息六厘核结”。所有公司股票遵照部令，加盖戳记，载明“不能离开招商局正股另售”等语。

此后，积余产业公司实行独立核算，不过在股息发放方面，仍与航业股票一起支付，一般是航业股两股、产业股一股连带并发股息。由此可见，积余产业公司确实是招商局的一个连体公司，这种局面的形成，与北洋政府交通部的监管不无关系。

第一次世界大战期间，轮船业务收入有所增加，但因债务利息和运营成本较巨，招商局各码头栈房生意衰退，导致生意虽好而利润不多。1916 年初，招商局董事会长盛宣怀去世，数月之后董事王存善亦病故，盛宣怀的五子盛重颐和李鸿章的长孙李国杰被推选进入董事会，招商局的权力格局再次发生变化。

十一　反查办

一个企业致病的原因有内有外，“急性病”和“慢性病”都需预防。对于招商局而言，“官督商办”的后遗症很难得到根除，管理混乱由来已久，这些都是企业的“慢性病”，甚至成为一种顽疾。但有时官方的不当干涉，则会使企业发生“急性病”，两病叠加，招商局受到的侵害更大。20世纪20年代初的北洋政府查办风潮就是一例。

先是1921年5月28日轮船招商局在上海总商会议事厅召开第47届股东大会，到会者有八百余人。会议期间，孙铁舟等股东相继发言，批评本局“腐败已达极点”，要求进行整顿，有人在会场散发印刷品，提出各种意见，包括修改章程、总经理由股东投票选举等。

于是，有股东提出先改订局章，再行投票，反对者则起而争辩。在会议主席宣布进行投票之后，人声嘈杂间，突有身穿黑衣之人，上前抢夺票箱，现场秩序大乱。过了一会儿，忽有华、印巡捕四五人到场，欲强扭黑衣人而去。其时，有人提出总商会之内，巡捕房向无干涉之权，当令巡捕退去，黑衣人乘机逃走，在场股东议论纷纷，颇为不平。巡捕走后，秩序稍复。主席宣告继续开会，并选举本届董事与查账员。结果，李国杰、周金箴、郑观应、盛泽承、陈翊周、陈安生、麦佐之、张知笙、邵子愉九人当选董事，周清泉、金菊蕃当选查账员，并选举盛泮澄为总经理。上届董事傅宗耀落选。

会后，该局股东陈永霖以此次选举实属违法，向租界会审公廨提起控诉，要求判定此次会议通过的议案及其选举结果无效。会审公廨中外法官接到这份特殊的“请求书”之后，给轮船招商局下发通知：“本案未判决以前，对于本年五月二十八日该局会议通过及选举各件，不准履行，暂仍由老董事担任职务。”

一石激起千层浪，此举在招商局股东群体内引发了连锁反应，有人直接赴交通部具控，后者遂派航务司司长胡初泰到沪查办。据交通部介绍，控告者的理由是，会议期间“盛氏代表孙铁舟钳制舆论，不待表决，径行选举，致会场秩序大乱，选举柜被挤捣散；迨股东退出会场，已逾半数，而孙铁舟强迫议长复行开会，将四散之票胡乱收集，私相检算，种种情形，认为违法”，所以请求交通部“迅派大员来沪查办”。

按照当时的《公司条例》规定，董事、监察人以外之股东呈控取消股东会决议案之时，须要先缴存其股票，且应公司之请求，提供相当之担保，意在防止股东滥控，公司蒙受损失，“立法森严，纯为保护公司起见”。但会审公廨无视中国法律规定，轻率接受陈永霖的起诉申请，既令股东气愤，也令股东担忧。

招商局董事会对于租界会审公廨的不当干涉也很愤慨，致电北洋政府指出，该局前在农工商部注册，股东纯系华籍，股票注明不准让与外人，“实为完全中国航业公司，直接受中央管辖”。本届股东会议一切手续，完全遵照《公司条例》办理，绝无不合之处。“讵公廨不问此次议案经过情由，仅据陈永霖片面呈请，突发前项堂谕，制止新会成立，并不准履行会议通过及选举各件，本局不胜骇异”。董事会指出，“到会股东有七万数千股之多，乃因一自称百三十二股之陈永霖牵动全体，推翻多数议决之案，实于中外《商律》不合，尤于国家主权有碍”。更为重要的是，会审公廨此举纯属越权之不当干涉，因为本局地点虽在租界，究系完全华商，“有事应听政府主持，若以公廨一纸谕文，迫令本局变更议案，势将新旧互诿，诸务停顿，其影响营业匪轻，而关系国权尤巨”。因此，招商局董事会要求中央政府电令上海交涉员向租界方面提出

“严重交涉”，撤销其所谓的“堂谕”，“以保主权，而维商业”。

此后，股东施肇曾、陶湘等出面排解，双方息争。调解结果，旧董事傅宗耀等仍照旧任职，会审公廨讼案取消。交通部查办和总商会过问也就不了了之。

拥有一百多股的小股东违规“起诉”招商局，而租界公廨又作出违规裁决，最后竟然以“调解”息争，傅宗耀复任董事。此中情节，不难看出实际上是傅在背后主导。作为上海宁波帮成员之一，傅宗耀（浙江镇海人）长期垄断着招商局的五金供应，兼做其他生意，还担任过洋行买办，在上海颇有影响。此次，他竟然能将招商局股东大会的选举结果翻盘，足见其能耐非凡。在傅的主导之下，招商局组织修订章程会，以期对股东选举权进行重新规定。但该会内部矛盾频发，主张一股一权者与主张限制股权者各有人在，针锋相对，斗争激烈，“修订章程会”起草员张一麟宣布辞职，而傅宗耀一直以董事身份在推进这一工作。

股东与董事之中，对于傅在招商局内飞扬跋扈、揽权营私的做法深恶痛绝者也大有人在，包括此前与傅关系较为密切的盛宣怀家族。于是，有人开始控诉傅的违法行为，由此又引发北洋政府的新一轮查办。

1922 年秋间，沪上发现一种呈控上海招商局董事的印刷品，具呈人自称“招商局股东张士记、潘宏记”。该局董事会登报声明该局并无“潘宏记”户名之股票，至“张士记”户名下之股票共90股，而持票人却并未预闻控案。因所控各节关系该局营业信用及牵涉办事人名誉均甚重要，故要求具呈人两星期内到局证明，以昭核实。但一直没有人出面对质。而此时交通部也开始呈请总统黎元洪，查拿傅宗耀，其理由先是“傅宗耀勾结郑洪年等煽惑路工罢业，接济徐树铮饷糈，把持招商局航政，实属触犯刑章”；后又改成“迭据上海招商局股东呈控该局董事会傅宗耀等草菅人命，败坏航政，舞弊营私，侵占公产，情罪重大”。交通部先是请求将傅“拿交法庭办理”，后又改成“请派员初查”。于是黎元洪命派邵恒浚、张福运、殷泰初三人“前往切实查明，呈候核办”。

邵恒浚等三人奉命后即行南下，抵申后即与各方面磋商，着手调查事宜。傅宗耀岂肯坐待，必设法应对，在其支持下，招商局一部分股东以“事出非常，关系公司安危大局”为由，发起组织股东维持会，进行抵制。

该会致函招商局董事会，声明“本局为完全商办公司，不受官厅非法处分，官厅实无干涉之理由”；即使真正股东查知本局实有弊端，亦应自行联合股东彻查，“不应以非股东而干预局内之事。否则，此端一开，始则查办，继而干预，终且没收，引狼入室，为虎作伥，将我股东数千万血本攫夺而去，谁司其咎？”所以，“本股东等今日集议，佥以此次官厅查办毫无理由，万难承认”。股东维持会还不忘对董事会进行警告：“贵会董事为股东代表，近来各省装兵运械，动辄扣用局轮，不付运费，视本局与国有铁路相等，贵会职责所在，不能尽力为股东争持，已属有负委托。若再图保持禄位，或惧为傅董之续，轻允官厅非法查办，将来或派官督，或收国有，陷本局于万劫不复之地，则贵董事等岂能任此重咎哉？须知官厅无缉拿商办公司董事之权，股东有撤消本局原举董事之柄，何得何失，孰去孰从，惟贵董事图之。”

輪船招商局股東維持會成立通告

報載交通部忽有呈請查辦本公司之舉事出非常關係公司安危大局凡我股東亟應集合討論並籌正當辦法茲已組織股東維持會於本月十八日開會成立事務所設南京路生大銀行二層樓應請本局股東各持股票或息摺於每日午後二時至五時來所掛號共策進行是爲至要

輪船招商局股東維持會謹啟

上海輪船招商局股東維持會通告第二號

上海輪船招商局股東維持會通告第三號

轮船招商局股东维持会相关通告(《申报》1922年11月23日第1版)

同时，该维持会还向全体股东及全国商界发表《宣言书》指出：“本局完全为商办公司，非官吏所能违法侵害。就令有关民刑被控嫌疑，亦应按照《公司条例》，及民刑现行各律，执行手续，循序依法处理，岂有不问受理管辖权之合法与否，控告权之及格与否，证据与理由充分与否，贸然即行查办其公司，且先逮捕其职员之理？此为专制时代暴君污吏所不敢出。”不意交通总长高恩洪“以民国公仆，悍然肆无忌惮至此，此而可忍，则中国无论何种商办公司，官厅可据不知谁何者出面一控，破裂之而有余，凡我商界宁不人人自危？”所以，维持会“为本局计，为全国商办公司计，不能忍受交部此种举动，应即公电府院，声请撤销该部查办职员，以杜官侵商业之害”。

著名实业家张謇等人亦列名股东维持会，并领衔向全国发表公电，谴责交通部的行为。张謇等人在为招商局辩护的同时，主要意在维护商业法制的独立与商办公司的尊严，强调“完全商办公司，非官吏所可违法蹂躏”，必须遵依《公司条例》等相关法规，以期使商业公司的合法权益得到切实保障。张謇是江苏省议会的领袖，在他的带领下，苏省议员们也起而支持招商局，数十省议员联名致电总统与国务院，严厉谴责这一举措。

正在召开的中华商会联合会对此事也极为关心，将此案在大会提出讨论，“佥谓招商局为商办实业公司，如有违反《公司条例》，政府自有依法制裁之责，乃交通部徒凭匿名呈控，根据前清奏案官督商办资格，而遽用其查办手续，殊属有意侵害，曷胜公愤！”该会除电呈大总统、国务总理令行交通部撤销查办，并饬农商部依法保护外，还致函招商局股东维持会，请速行召集股东大会，彻查内容，革新章制，公告全国，以期“真相既明，群疑自释，庶可谋航业之发展，奠国基于巩固”。

社会各界对于招商局股东维持会拒绝查办之举多表支持，在一封匿名电报中有这样的内容：“民国以法治为号召，而十一年来居其名而乏其实，夫人皆知。官吏之弁髦人权、毁蹂躏之举，不一而足，岂独对贵局然也。政府与官吏之毁法不足责，所可痛者，我神胄之国民，日日在醉生梦死之中，放弃国民之天职，不尽监督政府之责任，有以致之。”还有人以第三者资格发起国民保航会，发表宣言，主张保全招商局商办局势，拒绝政府派员查办，其论调与招商局股东维持会如出一辙。

地方官员也多袒护傅宗耀、支持股东维持会之表示。淞沪护军使何丰林给傅本人去电，“极致慰藉”。而浙江军务善后督办卢永祥在复电中竟有“敝处力所能逮，自当为助”之语。

邵、殷等人奉命而来，自然尽力论证查办理由，除了致函招商局董事会，接连发表《告招商局股东书》《致股东公函》，解释查办原因及其目的，并援引该局章程，证明其仍为“官督商办”。对此，招商局董事会副会长李国杰在股东维持会上予以回应：“彼所谓官督商办一层，如照旧章，应由政府派员督察，乃前清末叶，迄未派人，是前清政府已不适用旧章，矧自国体改革，交通部亦从未派员督察，是交部已无引用旧章余地。”

而交通部查办员则质问招商局：“谓既有所谓不受官厅干涉之先例，何以去年股东联合会及旧董事傅宗耀等为选举事，均曾电请交部派员彻查，何以彼时不顾先例而请求彻查，今又藉口先例而拒查耶？”股东维持会对于部委员等所提出各点亦无辞答辩，但拒绝查办之态度不稍更改。

邵恒浚等委员鉴于长此相持亦无结果，遂致函招商局董事会，责备其“以所谓股东维持会之名义，抗令拒查，迭经本委员等解释劝导，迄无转圜意思，深为可惜”，并告知“拟在此仍候数日，以待憬悟受查。如三日内仍无转圜表示，本委员等即当回京复命”。而招商局股东则希望维持会“坚持到底，以保血资”。数日之后，三位委员见招商局“始终坚拒，无法进行”，遂结束手续，离沪北上。

时北方政潮起伏跌宕，内阁多变，高恩洪的交通总长位置已被吴毓麟取代。1923 年 2 月 22 日，总统黎元洪发布指令，应交通总长吴毓麟之请求，同意撤销对于招商局的查办，以及对于傅宗耀的“拿办”。同时声明：“招商局为中国唯一商办航业公司……惟该局营业关系中国商务至重，该股东等务各破除情面，实行整理，毋托空谈，勿争意见，以副国家维持航政之至意。”查办招商局风潮至是完全平息。

由前文可见，就此次查办风潮而言，“政府与公司各执一词，公司以纯粹商办为理由，拒官力非法之侵入；政府以整理航政为名，自护其干涉政策之正当”。在对抗政府方面，招商局内部即使不同派系，也都没有分歧，例如与傅宗耀关系不谐的盛氏愚斋义庄亦登报声明反对官督商办或收归国有。当时有人曾“平心观察本案”，觉得政府之举动，虽然“以手续言为不当，以动机言为可疑”，但招商局之所以“授政府干涉之隙者，则招商局股东平时之放弃责任，使局务不能如量发展，亦难免外界之责言”。

为抵制交通部的查办，招商局要求依照《公司条例》由股东自查。既然交通部查办案已撤销，招商局的“自查”便随后举行。

股东维持会自设查账委员会，后又改名“检查委员会”，就傅宗耀被控各端进行认真检查，并请总商会、银行公会、钱业公会、国民保航会四团体派人监视。其后，出台一份17000余字的检查报告书，对于以上各端力为洗刷，即偶有一二项确有不合者，亦必声明其责任在董事会全体或历任总办，“不得专诿其咎”于傅宗耀等人。报告书“颠倒事实、强词夺理之处甚多，盖存心既有所偏袒，所言自难期其忠实”。自此之后，傅宗耀在招商局的地位未降反升，成为招商局的实权人物。他以股东维持会为奥援，凌驾于股东会之上，结党揽权，营私舞弊，加重了招商局的管理混乱。

十二　大清查

进入 20 世纪 20 年代，轮船招商局在各方面因素的作用下，有向“糟伤局”演变的迹象。“糟伤局”见诸时人的评论，即使望文生义，也知道是对招商局经营成效不满意的表达。事实上，辛亥革命之后的轮船招商局也并非一直都很“糟”，使其成为“糟伤局”的原因非常复杂。冰冻三尺，非一日之寒。

商界将其归咎于政府对招商局等商办企业保护不力，扶持不够。事实上，即使这些可以算作重要原因，但也不是全部原因。除了官商关系和时局影响之外，招商局内部机制零乱，管理不善，也使该局经营每况愈下。1923 年，企业结亏 101 万两，“为开创以来未有之巨额亏损”，招商局不得不停发股息。此后数年，招商局营业收入“愈跌而愈甚”，企业开支“愈涨而愈增”，整体业绩“年逊一

《招商局之停航》（《图画时报》1926 年 12 月 19 日第 13 版）

年”。航业股票股息全无，产业股虽有少许股息，也因局内缺乏现金，只能暂记于积余公司“股份存息”项下。到 1926 年底，招商局因连年亏损，加之江轮被孙传芳军队征用扣压，损失惨重，而海员罢工也使南北洋各船相继停驶，该局董事会不得已报告股东维持会，暂行停航，并布告全国。招商局股票行情从 200 多两跌破 60 两，企业岌岌可危。

面对日益演进的危局，轮船招商局先是开展“自查”活动，以抗拒北洋政府交通部的“官查”，但其实际作用则是为傅宗耀开脱，并未达到改善企业管理的效果。后来，招商局经股东大会通过，设立专门的稽核处，虽然在查处关栈等职能部门偷漏舞弊方面有所作为，但对公司会计账册难以核查。因局中弊窦丛生，实权人物各有把持，盘根错节，稽核处运行不久即因受到抵制而被撤销。不久之后，随着企业危局的日益加深，轮船招商局又迎来了“党查”。这一次，企业的命运被彻底改变。

据说，北伐军队在1927年1月下旬向上海进发过程中，作为总司令的蒋介石就发布命令，委任杨杏佛“办理招商局事宜”，但杨因故未能就职。北伐军占领上海之后，对上海总商会进行整顿，并开始通缉会长傅宗耀，理由是傅“助逆扰乱，挟会营私”，“献媚军阀”，不仅为军阀孙传芳提供大量军饷，而且以招商局轮船为孙进行军运服务，“阻碍义师，确有证据”。傅不得不辞掉招商局职务，离申远遁。“去除”傅宗耀“遗毒”，也成为国民政府清查招商局的借口之一。

1927年4月16日，国民党中央政治会议上海临时分会召开第四次谈话会，讨论“改善”招商局问题，议决派蒋尊簋、钱新之与招商局负责人员沟通相关事宜。4月27日，蒋、钱等人邀集该局董监事李国杰等六人在银行俱乐部谈话，向其声明：“招商局为中国唯一航业机关，事关航政，政府自有指导监督之责。且历年局务腐败情形毋庸讳言，国民政府既为人民谋利益，更不能置之不问。”不过，“为尊重股东意见计，对于局务改善办法，特先征求董事会意见，以凭参考”。董事、监察等遂各述局务大概，及办事困难情形，并无具体意见发表。4 月 30 日，国民党中央政治会议决定派委张静江、蒋尊簋、虞洽卿、郭泰祺、陈光甫、宋汉章、钱新之、杨杏佛、潘宜之、杨端六、李孤帆十一人为清查整理招商局委员（1927 年 7 月 5 日，中政会又议决添派何焕三为委员）。5 月 3 日，国民政府发文任命。5 月 9 日正式通知轮船招商局，其声明的清查理由是：“招商局为吾国唯一航业机关，成立以来，为官僚商蠹所把持，最近又经傅宗耀垄断局务，献媚军阀，若不积极清查整理，不特大背为国造产之政纲，更无以遏止外轮内航之侵略。”可见，对内反对腐败，对外秉持经济民族主义，是国民党坚持清查招商局的主要论据。

5 月 20 日，清查委员会在上海法租界陶尔斐司路 56 号开始正式办公，并向社会发表宣言，“以免外界及该局股东有所误会”。其宣言对比日本邮船会社，指出轮船招商局存在巨大问题与危险：“轮船招商局为我唯一之大规模航业机关，创设在日本邮船会社之先，五十年来绝少发展，邮船会社之航线已遍布全球，招商局则依然局促于长江及南北洋三航路。公司之资产尽归抵押，股东之血本日趋萎缩，长此因循，必至航权皆归外人，股票尽成废纸。受其累者岂特公司之股东，中华民国之国计民生皆将蒙无穷之损失。”然后抬出国民党政纲之一的民生主义，开始为国民政府“不得不”清查招商局摆出政治依据：“衣食住行为人民之四大需要，故本党总理之民生主义及建国大纲皆以解决此四者为首要。国民政府既为实现总理之民生主义而设立，对于此关系全国民生命脉之招商局，自当力谋整顿、救济之道。”在宣言中，委员会还向社会承诺办理清查整理招商局事宜期间，“当谨守总理建设廉洁政府之遗教，研求局务不振之症结，妥拟航业扩大之计划，以政府与人民之合作，谋股东与社会之利益。对公司之资产当力加保护，原有之事业当督促维持，股东及社会之意见当尽量容纳。本会委员均不支薪俸，即办公经费亦由政府拨给，以示国民政府为人民服务之精神”。同时表示，本委员会“尤愿受股东及社会之监督，如委员中任何个人有受贿害公之事实者，一经举发，证据确凿，为党纪国法所不容，愿受人民之裁判以定应得之惩罚”，号召“全国人民与招商局股东共起指导，群策群力，挽已失之航权，立民生之基础，不负国民政府清理之意”。同时还向社会公布了《国民政府清查整理招商局委员会条例》和《国民政府清查整理招商局委员会办事细则》。该会由张静江担任主席，杨杏佛、杨端六与李孤帆为常务委员，下设总务、审计、秘书三组，聘请潘序伦、徐广德两会计师负责清查账目，魏道明、秦联奎两律师担任法律顾问。清查委员会独立于轮船招商局之外，其经费由国民政府财政部拨付。

1927年5月20日上午，除张静江之外的十名清查委员，以及潘序伦、徐广德、魏道明、秦联奎等人齐赴轮船招商局，与董事会进行了接洽。局方对于清查表示欢迎，甚至有董事当场提出，“希望五月二十日为招商局之复活节”。足见现场气氛之欢愉。

在清查过程中，该委员会与国民党中政会、国民政府交通部、招商局董事会文牍往还；在招商局内调阅账册，当面质询相关人员。除了上海总局之外，委员会还重点对积余公司、内河轮船局、仁济和保险公司、招商内河机器厂、祥大源五金号等相关企业进行账目与资产审查。包括董事会长李国杰在内的绝大多数招商局人员均能给予一定的配合，但也确实出现了一些问题，例如有些机构账目不全、档案散失；有的机构某年账册，因为涉及关系复杂，“实属无从可送”；还有的机构账房失踪，“账簿均无着落”；有的人员不愿应约与清查人员谈话；还有一些账目问题则以诿祸傅宗耀而了事。凡此均给清查带来了不少难度。

在清查过程中，该委员会的身份逐渐发生变化。国民党上海市党部、国民革命军东路军前敌指挥部、淞沪卫戍司令部等党军部门均将该委员会当作招商局的“上级”单位。招商局轮船和码头员工则向该会诉说其在局内所受的不公平待遇，请给予裁断。清查委员会参与该局轮船事故处理，敦促该局尽早落实遇难船员家属的抚恤金。此外，该会还指导招商局恢复航线，并列席招商局股东会，实施监督指导。

经过数月工作，清查整理委员不仅清查了招商局的相关账目，而且提出了初步的整理办法。其清查结果汇集成数十万字的报告书，揭示了总局会计制度与账目管理的九大弊病，包括“账目不备”“手续简陋”“银洋不实”“稽核乖方”“账簿不当”“科目凌乱”“整理疏虞”“记账迟缓”，以及“单位不一”；同时查出招商局上海分局（沪局）账法的七大缺点，即“系统紊乱”“货币纷杂”“手续疏漏”“制度不宜”“簿名不当”“科目欠妥”“形式不佳”。

招商局的这些账目弊病，由来已久。该委员会根据清查所得，并参照国内外航业状况与股东之意见拟订的《整理招商局办法大纲》，包括“实行股票登记”“解决股权问题”“董监改选问题”“规定办事章程”“取消董事兼职”“从实估算财产”“整理外债方法”“废除九五局用”“废除买办制度”“改组内河招商局”“整理内河机器厂”“整顿仁济和保险公司”“引用本国船员”“实行投标办法”“改良会计制度”，共计15项。鉴于“招商局自开办以来从未有确实可靠之股东名册，其余种种关于股务之记录，亦多异常简略”，该委员会特为之拟定了关于整理股务之簿据格式十二种，另拟有简要说明书一种，“希望招商局能实行之，则股务之整理其成效不难立睹也”。以往“招商

《国民政府清查整理招商局委员会报告书》书影

局股东间最大之争执，厥维股权问题。扰攘多年，迄无解决方法”，该委员会“统筹全局，折衷群议”，参酌理论与事实，制定了“累积票选法”，以解决此项股权问题之纠纷。

清查委员会就调查所得之资料，编制清查报告书7种、各项统计表26种，集成了煌煌数十万字的《国民政府清查整理招商局委员会报告书》，直到今天为止，依然是研究招商局史的重要参考资料。

十三 蒋控赵

国民政府清查整理期间，招商局股东、董事遇有问题，常会上诉交通部，后者在工作职责方面与清查委员会难免产生冲突。中政会遂专门通过决议：“招商局各种问题，交通部尽可受理，如与清查委员会职权相抵触时，可与该会直接商酌办理。”交通部部长王伯群则进一步提出“请将招商局清查整理事宜概归该部办理”。中政会遂议决函催清查整理委员会将相关工作“从速办竣”。就在清查整理委员会行将结束之时，交通部特委任政府参事赵铁桥为招商局驻沪“坐办”，“用资整理一切”。

随后，交通部专门制定章程，声明“为实行监督民办航业，并保护便利起见”，特设立“监督招商局办公处”，直隶于国民政府交通部。该处设监督一人，由国民政府特派充任；总办一人，由交通部派任。另设参议四至六人，由交通部聘任或委任；秘书长一人，由监督派任。该处对于招商局的“监督范围”包括：（一）监督并清查企业资本实况，以及债权、债务之数额；（二）裁决公司资本之增加或减少；（三）酌定分局及附属机关之设立或存废；（四）核定总分局及附属机关之组织条例或章程；（五）审核总分局及附属机关之账目与出纳状况；（六）受理及核定股东或董事会提出之整顿局务、扩充营业事项；（七）负责股权之清理及登记事项等。对于与股东利害关系较大的事项，由监督召集重要职员与董事会联席会议决定执行，包括（一）处理借款；（二）整顿局务；（三）停航、复航及政府租船；（四）召集股东大会，并提出议案；（五）股息及职员酬金之分派；（六）总局各科及附属机关之存废；（七）对外重要契约之订立或废除；（八）总预决算之确定；（九）修改章程等。该章程特别声明“本处得随时监查该总分局营业进行及财产状况，并一切账目”。可见，监督拥有对于招商局从经营决策到内外管理的全面支配权，其

◎小贴士

赵铁桥（1886—1930）：1886年生于四川省叙永县，早年留学日本，同盟会会员，曾参加中华革命党，进行反袁斗争，创办过《民意报》，曾任四川浚川源官银行总经理，后与蒋介石关系密切，在为蒋筹措军需方面不遗余力。

地位不亚于晚清时期的“督办”。这一职务由国民政府委任交通部部长王伯群兼任。而王伯群又任命赵铁桥为监督办公处总办。

国民政府此举难免有回归晚清“官督商办”机制之嫌，王伯群在《告招商局股东书》中大讲轮船招商局积数十年发展，上不能为国家拓展航权，下不能为股东谋取利益，形势危殆，而造成这一局面的直接原因就是该局管理层挟持股东、操控股权，营私舞弊。国民政府秉民生主义之旨，与“官僚政治时代政府”不同，对招商局进行“监督”，既为巩固国家航权，更为保全股东利益，其“所不利者，把持中饱之少数办事人而已”；且其所作所为，无不是在“革命旗帜”之下进行。

一方面有强大的政治推力，另一方面，又代表股东在招商局进行维权，国民政府对已深陷困境的招商局进行全面“监督”，似乎应时顺人。但其实际推行过程中对招商局权力结构的改变，却又加大了该局的矛盾与冲突。

赵铁桥上任之后，自知责任重大，对外表示将会“（把）险阻艰难视为常事，任何波折，决不有所畏沮，亦决无所瞻徇”。他对内整顿，剔除积弊，建章立制，振刷风气，改善管理；对外加强宣传，在《申报》创办《招商半月刊》，定期登载该局章则、条例与业务研究心得。他在局内废除此前的董事兼任科长制，设立总务、船务、栈务、会计、

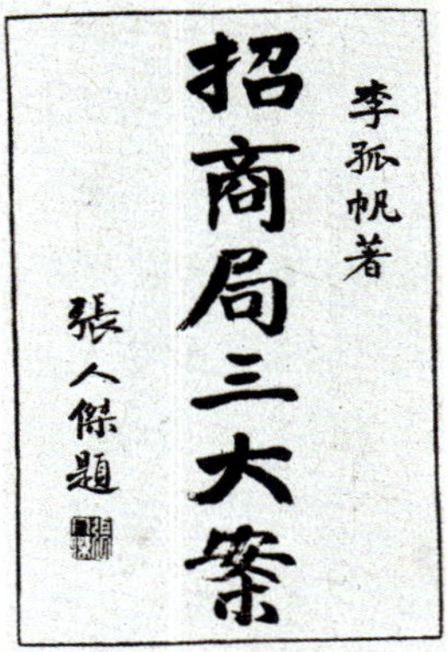
招商局三大案
李孤帆著
張人傑題

张静江为李孤帆著《招商局三大案》(上海现代书局1933年版)题字

营业及出纳六科，重新任命科长，接管以前的工作。六位科长之中，张雨之、施谱薰、谢继善三人为该局老职员，由赵铁桥同意续任，其余各科长，则为赵所新委。

赵铁桥同时将以前的“总局”和“沪局”两位局长裁撤，相关事务改归营业科办理。他建立了总局局务会议制度，将买办改为业务主任；严格奖惩办法，职员上班均须签到，每日上午九点到局，下午五点公毕离局。招商局所有与外方往来文件及接洽事务，均以总管理处名义执行，各科皆不得单独具名对外；各分局暨各附属机关凡涉及请示事项，均须经总管理处核夺。

招商局在各地的分支机构，长期以来管理混乱，积弊相沿，赵铁桥派李孤帆担任赴外稽核，前往天津、汉口等地分局查账，结果发现重大弊案，受到广泛关注。两处分局高管的贪腐案与后来的积余公司查账事件被辑成《招商局三大案》一书，成为国民政府对招商局实行“国营”的重要宣传材料。

赵铁桥处处以“革命精神”行事。他在接收招商局之后的首次高层会议上讲道：“凡是能赞助我整理局务，便是能爱国、能革命；要是来阻挠大计，就是反革命；反革命，即是亡国奴。”但革命与建设毕竟不是一回事，办企业离不开政治，但不同于政治。他的这些“积极”作为，在他人看来，因揽权过度，致使企业沉疴未除而新弊又来，甚至受到前清查委员会委员蒋尊簋等人的公开指责。

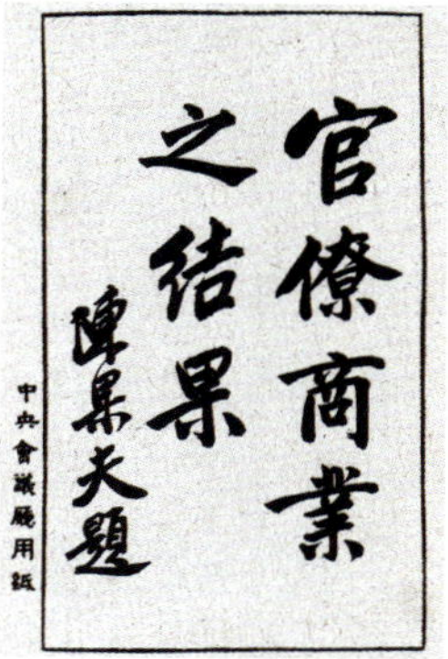

陈果夫为李孤帆著《招商局三大案》题字

1928 年 12 月，蒋上书国民党中央党部、国民政府各部院，并向全国通电，揭露赵铁桥自担任招商局总办之后，“举凡局中会计、用人、行政、法制诸大端，多未按章经过董事会议决，而径自施行。如总局、分局、各栈、各轮购置修缮，并一切收支，百计把持，不许董事会暨股东等直接查询”。

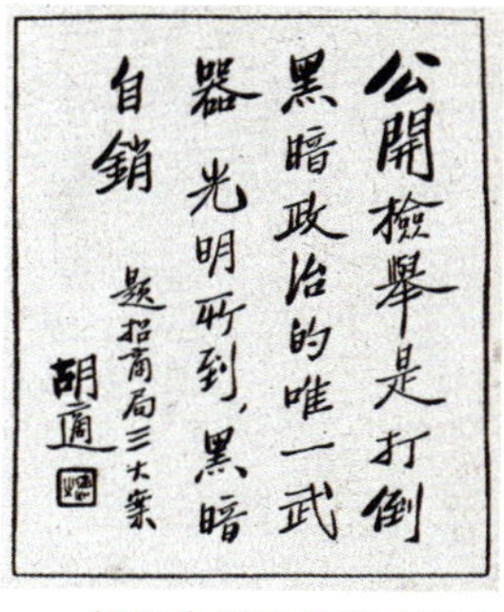

胡适为李孤帆著《招商局三大案》题字

正因为赵铁桥“揽权”并“越权”，所以局中经营管理方面出现的问题自然归咎于赵。蒋尊簋还指责赵铁桥不让股东过问局事，“深闭固拒”，不肯公开账目，同时又给沪上各新闻机关打招呼，禁止各报登载招商局股东方面反映意见之文告，不啻“周王之防民口、秦帝之禁偶语”。

因此，蒋尊簋请求政府准予设立查账委员会，由政府遴派三人，上海总商会、银行公会、钱业公会、航业公会各推一人组成，并延聘法律专家、会计专家数人，查核一切账目。同时，筹备召开股东大会，“迅筹根本解决方法”。与蒋尊簋联名的还有董康、汪有龄等人，也均是当时的名人，说明反对赵铁桥者不在少数。

而赵铁桥则强烈回应，致电中央政府，称蒋尊簋等“为假冒股东”，根本没有资格提出对招商局进行“查账”的请求，而且上海商会等社会团体也不应参与此事。对此，蒋尊簋一方面证明自己是在监督处登记过的股东，另一方面竭力指责赵自知有弊，情虚胆怯，故而坚决要求从速组

◎小贴士

蒋尊簋（1882—1931）：字百器，浙江诸暨人，早年官费选送日本留学，毕业于日本士官学校，与海宁蒋百里被章太炎称为“浙江二蒋”。同赵铁桥一样，蒋在日本时加入同盟会，革命经历丰富。辛亥革命后，历任广东省都督府军事部长、浙江都督兼民政长、总统府高等顾问、两湖检阅使兼保定军校主考等职。参加“护国”与“护法”战争。1923 年 11 月，任孙中山大本营参谋处主任，后任大本营军需总监等职。1927 年 4 月，任上海政治分会主席，又任国民政府清查整理招商局委员。该委员会解散之后，蒋尊簋便以“普通股东”身份为招商局“维权”。

织查账委员会，进行彻底清查，“以明真相”。

赵铁桥再发公电，进行辩白，认定蒋尊簋等人之通电“事皆臆说，理悉牵强，虽竭逞吹求之技，终难遮鹿马之真”。他表示，自己秉承监督之命，总管局务，“凡事一以革弊兴利为本”，一心为公，不谋私利。面对董事会与社会各界的质疑，为证清白，他“自请政府彻查，静候勘核”。

赵铁桥在请求政府派员查账之时，声明“素持反对国办之团体，如沪商会等不应参与，以免混淆是非，阻挠大计”。结果遭到上海总商会的强烈指责，该会上书中央政府指出，“际兹‘三民’昌明之日，‘五权’建设之时，商会体仰政府，维护实业之至意，俯察民间投资恐慌之舆情，略有献替”，不应被“诬诋”，更不能受到赵铁桥的“专制压迫”。该会请中央政府“训令该总办读书养气，研习商事规律，认识商会地位，尊重商股权利，嗣后发言务审慎，勿越轨外，并请维持威信”。

也有党团支持赵铁桥，如国民党二区指导委员会就起而发声，指责蒋尊簋、董康等人“显然违反本党政纲，觊觎招商局”，批评上海总商会“同恶相济，起而附和”。该党部认为“总商会与董、蒋等发为谬论，早知其另有阴谋，我政府如被蒙蔽，势将使我国航业前途一线曙光之招商局，陷于沦亡也”。

该党部还对政府彻查方案有所建言，提出党部应参与其事。指出招商局之彻查与整理，本为政府之责任，但由工商部单独负彻查之任，则“期期以为不然”，因为“招商局由交通部管辖，受其直接之监督，于工商部何与？如以交通部有隶属之关系为不足信任，则贻辱交通部于无地”。而“党部为指导与监督之最高机关，则此次彻查招商局，领导我上海民众之市党部，尤宜参加人员，共同彻查，方可以明是非正曲直”。该党部还进一步请求“此次彻查，如有隐瞒袒护，政府应严重处分，必如是，则是为我国航业前途而整理，非若一二小人，以其别有怀抱，而妄称彻查者也”。

招商局纷争迁延日久，中央政府不得不再度过问。交通部部长王伯群向行政院提案，请派公正大员，莅局彻查。经第八次行政会议议决，由工商部派员彻查。后者遂遴派参事陈匪石、司长张铁欧，带领科长王世鼐、韩有刚等前往执行。而陈匪石等鉴于形势复杂，工作繁重，遂“以不能胜任为惧”，提出“实不敢肩此重任”，请求政府另派专员。工商部部长孔祥熙借机向行政院提出，“招商局纠纷为时已久，彻查账目，头绪尤繁”，而且事关核查账目，必须聘用会计师，在这方面，审计院颇多专门人才，交通部则有主管关系，因此建议行政院“商请审计院，并会行交通部，各派数员，会同彻查，以期周密而昭慎重”。可见，孔之责任分担、风险分散的意图十分明显。

蒋尊簋则紧追不放，坚持要求社会团体参加查账，指出“惟商局纠纷所由起，首在部派总办之非人，非兼视并听不足以昭大公，凡任社会团体之熟悉会计情形，或富于航业知识，如商会、银行公会、钱业公会，及航业公会等会员，自应由政府诚意罗致，加入查账，明示不偏”。蒋在电文中还说，如果不让相关社团加入，那么“有官而无商，即系抑商而袒官，政府纵无此意，其如舆论之不谅何！”

蒋尊簋此时应当也是政府中人，他如此袒商，既有他本人与赵铁桥之间的矛盾，也恐与国民党内派系斗争纠缠在一起。

国民政府没有采纳蒋尊簋等人的意见，最后由交通部派出了航政司司长殷汝耕等二人，审计院派出了贺世缙等三人，会同工商部此前所委四人，一起组成查账委员会，前赴上海开展相关工作。他们每日钩稽账目，调查案卷，历时月余，既定任务基本完成。

查账结果对于赵铁桥而言，多有不利。工商、交通两部总结查账报告之后指出，该局弊端，“一曰积弊未除，无从改良；二曰用人太滥，费巨效微；三曰无具体整理方案，办事人员因循敷衍”。正因有此数因，“该局遂日即腐败，而莫由振作”。至于赵铁桥本人的问题，工商部与交通部向行政院汇报，“该局总办赵铁桥接管以来，负整理航业之责，乃以经营不善，以致船只不时肇事，局务日趋腐败，坐使该局受重大损失，实属措置乖方，有负职守”。之所以如此，主要是因为“该总办集全局事权于一身，任意支配，权职不分，遂致纰缪百出”。所以工商、交通两部“再四筹商，应请将该总管处取消，另立新规，派公正得力人员，筹划整理，以资改革而图发展”。行政院同意两部建议，但鉴于事前重大，遂正式向国民政府提出。

对于这样的结果，赵铁桥自然不会甘心，他直接给国民政府主席蒋介石写信，诉说委屈，一方面否认关于他任总办期间招商局弊端的指控，要求调阅查账报告全文，逐项回应；另一方面标榜自己“本革命之精神，与群蠹相奋斗”，所以在招商局内外得罪了不少人，自己的改革计划也未能完全实现，“虽力清旧日积弊，而积弊未能尽除”。赵以有负党国重托为由，致电交通部部长兼招商局监督王伯群，提出辞呈，声称“自接管招商局以来，赤手空拳，积极整顿，不遗余力。无奈根蒂未固，政策飘摇，呼天难应，维持乏力”，所以请求“迅派大员接替，以卸仔肩”。

同时，赵铁桥还将辞职报告呈送国府主席蒋介石，并提议三北轮船公司与招商局合并，即以虞洽卿担当其事。据当时的“可靠消息”，蒋亦有此意。但虞则以招商局危机重重，“信用不佳”，故而力辞不就。在此情况下，蒋介石没有批准赵铁桥的辞职请求，赵也未能“轻卸责任”，只得继续他在招商局的工作。

十四　赵李争

赵铁桥虽然辞职未成，但职务名称却发生了变化。1929 年 6 月国民党三届二中全会时，曾决议组织委员会对招商局进行监督指导，并由国民政府特派专员负责办理。适值蒋桂战争进行，军事倥偬，委员会未能即时成立，专员亦未派定。数月之后，国府重提旧案，令派招商局监督王伯群“代行委员会职权”，总办赵铁桥“代行专员职权”。为此，赵还专程去南京进谒蒋介石，商承相关事宜。国民政府复颁布《特派整理招商局专员暂行办事规则》6 条，声明特派专员直隶于国民政府，在委员会之监督指导下，负责整理招商局及各附属机关事务，包括清理局产、股份、债务及发展营业等；专员对外代表招商局，应将月度整理及营业收支情形，以及全年整理进展，会同损益计算、财产目录等项文件，呈报国民政府及委员会审核。根据这一规定，赵铁桥在招商局的权力显然有增无减。赵代行专员职权之后，“办事已可勇往直前”。

交通部在宣布对招商局进行“监督”与“整理”之时，一方面打着“民生主义”的旗帜，另一方面强调“替民（股民）行道”，即代广大股东进行维权。讲得低俗一点，就是挑拨股东与董事会、管理层的矛盾；讲得直接一点，就是剥夺招商局“办事人”之实权。赵铁桥上任之后，俨然成为招商局的总经理，频颁章则，多所擘画，人事、业务尽皆包办。

招商局董事会虽然难以抗拒政府之命，但最初也抱有向政府“借力”，以助企业发展之想。因为王伯群从一开始就宣布：“监督之程序，拟分为四步，首为改良组织，祛除积弊，估计财产，整理债务；次为筹措活资，添造新船，增辟航线，便利商运；再次则为要求政府之补助，或予以转运特权，或保证发行债券，或兑与抵利资金，或协济大宗现款；终则联络侨商，筹集巨资，扩充海外航线，与各国争一日之长。”不意，赵铁桥担任总办之后，实施集权管理，董事会大权旁落，自然意有不甘。

尤其是招商局董事会长李国杰，作为晚清重臣、招商局创办人李鸿章之孙，心情更是复杂，这从他写给招商局股东的公开声明书中可以看出。

在声明书中，李国杰一方面表示了对于国民政府前有清查、后有监督整理之举既无法抗拒，又有所希冀的复杂心理；另一方面显示了自己不甘大权旁落，拟依靠股东，起而斗争的意图。俗语云，一山难容二虎。况且，对于招商局而言，此时是一只外来的“老虎”想另立为王，两虎相争之势越来越烈。

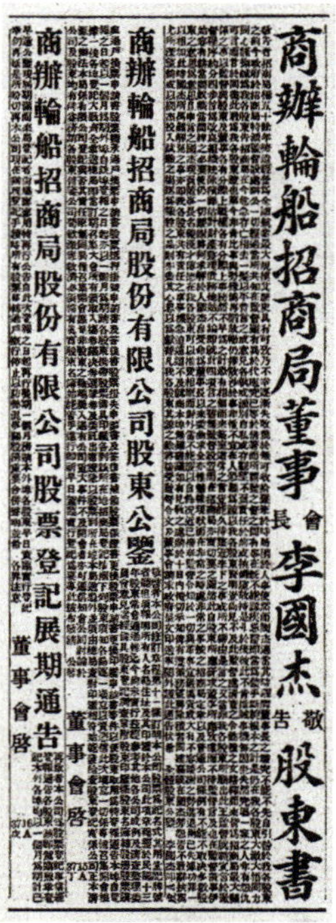
商辦輪船招商局董事會長李國杰敬告股東書

商辦輪船招商局股份有限公司股東公鑒

董事會啓

商辦輪船招商局股份有限公司股票登記展期通告

董事會啓

李国杰致招商局股东公开声明书及董事会相关公告（《申报》1927年12月7日第2版）

赵铁桥履职总办之任后，“指令”董事会，积极予以配合，提供各项材料。因相关工作进展缓慢，赵铁桥在接收招商局的首次公司高管会上就当众挖苦，“李会长也像既不能令，又不受命的样子”，甚至批评他“优柔寡断”。干了几个月总办之后，赵铁桥批评董事会“既无诚意，又无办法”。作为董事会长的李国杰虽然没有一下子与赵铁桥闹翻，但态度消极，萌生退意。赵铁桥则不留情面，当众批评，两人的不和谐关系越来越公开化。1929年1月，招商局高层举行新年团聚，董事会长李国杰与总办赵铁桥都在场，李先讲话，希望大家“勿各分派别，徒争意气，当以大局为前提，同舟共济，

漫画《官办招商局》(《龙报》1928年9月17日第2版)

众志成城，以使局基巩固”；赵铁桥却大谈“总处接事以来，纠纷障碍，未曾稍减，所有精神耗之于应付外来抗力者殆十之六七；用之以发展本局业务者实只十之三四……不过我等在革命立场上，对于发展航业，整顿局务，凡已往事实，办有成效者，尚须继续进行，一致奋斗，不稍灰心”。

面对赵铁桥在“革命精神”支配之下的积极进取，李国杰的风险感也越来越大，尤其是赵铁桥由总办代行特派整理专员职权之后，李国杰就更感到招商局的整顿之路与他设想的方案大相径庭，“将使本局商办局面不可复保”。后来，招商局董事会难以召集，李国杰则以会长代行董事会之权。但实际上越来越失去对于招商局的控制权，一切措施及营业收入与用途支出，总管理处仅向监督陈报，董事会“无从与闻，此中委曲，言之慨然”。

面对招商局“商办”成分日渐萎缩的窘境，李国杰忍无可忍，赵、李由貌合神离，走向公开翻脸。李国杰向中央党部、国民政府各院部、各省政府、各机关、各商会、各报馆发表通电，指出“赵总办自奉令代行专员职权之后，一切言动，据近日报纸所载，实予吾人以莫大之疑虑。观其上国府呈文，并拟订办事规则六条，及在纪念周向各职员演讲，与晤各报记者谈话，处处皆未就商股公司法律范围以内立论，而有背弃法律、攫夺私人财产之重大嫌疑”。

面对李国杰的攻讦，赵铁桥可能早已有所心理准备，他的反驳振振有词：“专员负整理之责，乃受管理整顿全局之使命。如专员对内不能执行业务，对外不能代表公司，则二中全会议决不啻失其效力。现办事规则业经国府批准，令行行政院知照，并送中央党部备案。铁桥奉代专员职权，以公而言，只知谨守法令，恪尽整理专责；以私而言，纵非股东，宁非国民？纵不惜全体股东血本，与夫五十余年航业基础，宁不惜两年来承乏商局恶战苦斗之心血精力？何至如李君所言，于暂行职权短时间内，为破坏断送之谋，厚诬耸听，义不忍受，国信局誉，具有关系，固非个人为此断断也。”

◎李國杰 維護招商局之通電

本埠招商總局董事會長李國杰氏、昨爲維護招商局、特發表通電云、中央黨部·國民政府·各院部·各省政府·各機關·各商會·各報館、暨本公司各股東均鑒、竊查招商局問題、自上年八月全國交通會議以來、有主張收歸國有者、有主張官

《李国杰维护招商局之通电》局部（《申报》1929年12月12日第13版）

李国杰则以董事会之权与赵对

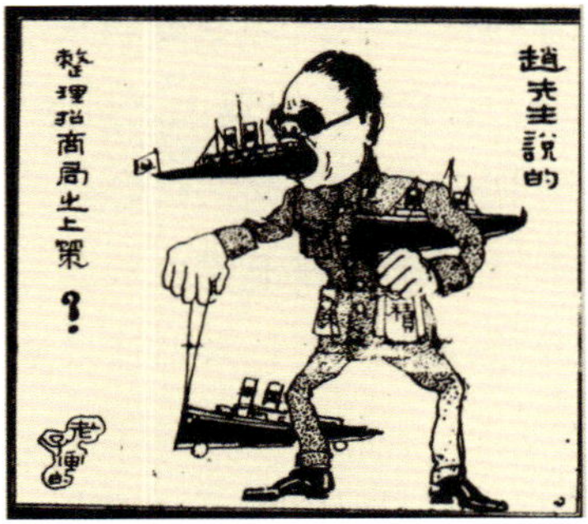

漫画《赵先生说的整理招商局之上策？》(《小日报》1930 年 3 月 22 日第 2 版)

抗：“董事会代表本公司之职权，系法律所明定，由全体股东依照法律程序而赋予，决不因政府派员整理而受何影响。本会亦决不放弃其法律上应有之职责。”

李国杰此时仍兼招商局积余产业公司总经理，赵铁桥一怒之下，下令将其免职。李则以“国杰因任招商局董事长以来，曾受积余公司股东委托，未便听股东以外之人招来挥去”。他为此专门上书国民政府主席蒋介石：“赵总办突然下此命令，不知根据何种身份、何种职权，更视积余公司为何物。国杰曾受积余公司股东委托，未闻股东有改委赵铁桥之事，在未得股东许可以前，只得恪恭厥职，不敢妄受乱命。但赵总办此种滥用职权，直凭政府任命之地位，侵夺人民私产，殊于政府信誉所关极巨，为此电呈钧座，请准严令赵总办，制止非法行动，以安商业。”他还向全国党政机关、社会团体、新闻媒介发表通电指出：“若有公司以外之人，假借政府名义，进退公司职员，侵夺公司产业，则偌大商场，尚复成何世界？即共产政府，亦必先以否认私有财产之政纲，昭告民众。今我国民政府，尊重私人财产，不啻三令五申，一切法令，完全本此纲领以为规定。赵铁桥奉令整理招商局，并不涉及积余公司，乃为此巧夺豪取之举，曷胜痛愤！”

后来，李国杰干脆聘请律师，声明“积余公司系独立之产业公司，其资本另有股票，其营业另有规章，与招商局航业全无关系”。赵铁桥则坚称，积余公产“断不能为该经理私人禁脔，整理大政断不能任该经理久事阻挠”。而李国杰表示：“国杰与赵君共事经年，于其措置乖方，滥支局款，种种罪恶，不能临时纠正，又不能先事发觉，辜负股东付托，本属罪有应得。今幸政府已尽情发觉，国杰当为保护股东资产，效犬马之劳，向法庭求公道之保障，以赎前愆。成败祸福，早已置之度外。”

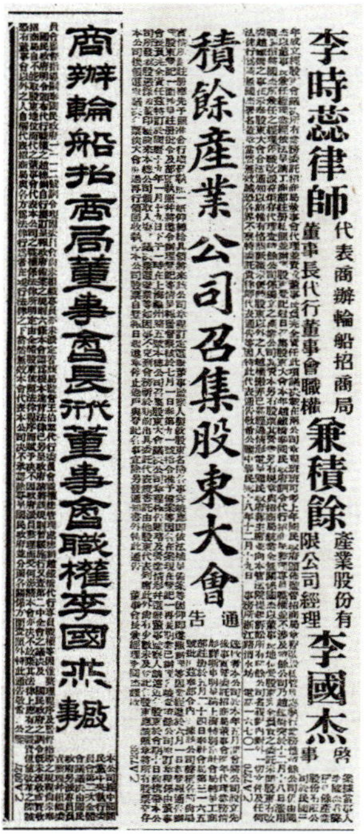
李時蕊律師代表商辦輪船招商局董事長代行董事會職權兼積餘產業股份有限公司經理李國杰啓事

積餘產業公司召集股東大會通告

商辦輪船招商局董事會長代行董事會職權李國杰啟

李国杰相关启事及积余公司召集股东大会通告（《申报》1929 年 12 月 21 日第 3 版）

可见赵、李各有所持，赵托庇党统，依恃政府，宣言维护股东之权；李强调法统，依靠商力，声称保护股东之利。一个义正，一个辞严；一个怒向胆边生，一个愤自心头起，双方越闹越僵，终由书面之争发展成法庭控告。首先是赵铁桥委托律师秦联奎、郑毓秀等，“以刑事罪名”向上海临时法院起诉李国杰身为招商局董事会长，“公然侮辱公务员之执行职务，并揩重要文卷，把持附属机关”，“其违法妄行……必有不可告人之隐”。具体而言，李国杰被控三大罪状。

其一为“侵占罪”。主要指李国杰每月在薪酬500两、夫马费50元外，“复巧立名目，损公肥己”。1927年底，李“于薪水、夫马外，自支酬金五千两……公款入已，为侵占业务上之持有物，毫无疑义，应受刑律三五七条之罪”。

其二为“妨害公务”。赵依照国府核准的《办事规则》执行职务，对外代表招商局，而李国杰则散布通电，指为越俎代庖，甚至公然刊载广告，谓董事会以外机构代表招商局与各方进行的法律行为“当然无效”，又谓未便听股东以外之人越权弄事。“以国家特派之整理专员，执行国令之规则，指为无效，显系对于公务员依法执行之职务公然侮辱，应受（刑律）一百四十六条之罪。”另外，招商局与汇丰银行所订五百万押款契约，系李国杰亲订，归董事会所保存，该契约正本关系招商局全部重要财产，当然应交给作为专员的赵铁桥保管，“讵被告坚不交出，显然隐匿公务员职务上掌管之文卷，应受刑律一百四十四条之罪”。

其三为“损坏信用”。李国杰在报纸发表通电，称“招商局负债已达一千四百万，不唯本金无法清偿，即利息亦多拖欠付，以致怨声载道，纠葛纷乘，此其对外信用为如何，不言可喻”等语，“显系散布流言”，涉嫌诋毁招商局声誉，损害招商局信用，“应受刑律三百三十条之罪”。

而李国杰则反诉赵铁桥，其罪如下：

其一，妨害董事会长之职务。董事会有成立总稽核处及设计委员会之权，“乃被告不许成立，实系侵夺权限”。招商局一切收入与出纳“由被告自由处置”，并不向董事会报送财务报告书，致董事会长“不能知悉经济之真相”。

其二，非法侵占。赵铁桥私宅门卫亦向局中支取薪金，“共计侵占银一千两”。此外尚包括数项：（一）赵铁桥本人送礼、请客之费，由局中款项支付，“侵占不少”；（二）赵私家汽车的汽油、修理、捐照等项费用，以及司机工资，亦在局中支取；（三）1928年7月11日，赵“向出纳科支规银五千六十六两，账内注明总办经手各种费用”，实则“全数入于己囊”；（四）1928年账内补助《航业杂志》之一千四百一十二两，但并无杂志出版，“实系私用”；（五）在商局用煤项下进行克扣。“以上诸罪，实犯刑律第三百五十七条第一项之罪。”

其三，滥用私人。赵任总办后，委用人员较董事会主管时增加三倍，包括“顾问”“咨议”“参议”等职，皆本局此前所无，这些均为“虚职”，相关人等虽不到局办公，但“支薪极巨”。

其四，越权办事。国民政府训令赵铁桥“代表招商局专员，其职权不能越出局外”，而赵竟于1929年12月18日下令免去原告的积余公司总经理之职，显系越权而为。

李国杰的律师指出，上述各项只是被告赵铁桥已被发觉之罪，由于局中两年来账目零乱，又无稽核处负责详查，“该被告所为犯罪事实究有几许，一时颇难查究”，故要求将全体簿据“发交航业会计专家，会同本局职员逐一详查，取具报告”。李还提出民事诉讼要求，包括判令被告退还侵占之全部款项、退还克扣的煤金款项、赔偿因侵占扣克而发生的损失等。

1930年1月，李国杰登出公告，欲召集积余公司股东大会，商量对策。而上海市政府奉国民政府之命，正拟清查盛宣怀个人及愚斋义庄财产，因盛氏家族在积余公司有大量投资，故责令赵铁桥加以阻止。赵遂发布《代行国民政府特派整理招商局专员职权办公处紧要公告》，指责李国杰“弁髦法令，跋扈已极”，并郑重声明，“如在该撤任经理李国杰个人操纵之下召开股东大会，无论任何行为或决议，概属无效”。

但李国杰不为所动，执意举行积余公司股东会，也拒不向由赵铁桥任命的积余公司总经理符矩存交卸职务，致使符无法履职，便向法庭提出诉讼，堪为赵、李互诉的另一“战场”。法庭之上，李国杰的律师当堂质问：“原告及赵铁桥，皆非招商局或积余之股东，彼等之行为，无异攘夺商民产业，其如国家体面何？”而原告律师则谓赵之代行整理专员职权为中央授予，“处党治之下者，凡属党国法令，当然应受拘束”，李国杰虽有特殊身份，然对党国法令亦须服从，因为赵铁桥代表党国，“非以其私人名义撤换职员”。李国杰等人以退为进，指出即使赵铁桥系奉党国之命，但也只是招商局的“总办”，无权干涉积余公司。

輪船招商局標購物料廣告
茲第二次標購輪用五金材料備有物料清單及投標章程有意承辦者請於本月二十七日以前向敝局物料委員會索取可也
代行國民政府特派整理招商局專員職權辦公處緊要通告第四號

赵铁桥反对召集积余公司股东会公告（《申报》1930年2月23日第10版）

双方辩驳的焦点，最后集中到积余公司与招商局的关系上。赵、符的代理律师认定“积余乃招商局之副业”。而李国杰则委托律师，以积余公司的名义提出“答辩”，并向法庭提出“奉准注册给照之积余产业股份有限公司，与商办轮船招商局股份有限公司，截然两事，法律上绝不相涉”；“赵铁桥为招商局公司之总办，代行招商局公司整理专员，与积余公司毫无关系，无干与积余公司之权”；“原告受无权干与之赵铁桥委命，欲侵夺积余公司产业，负有责任之被告及持有股权之股东，当然不能承受”。

为了加强与赵铁桥的对抗，李国杰一方面进行法律事务方面的应对，另一方面抓紧时间召开积余公司股东大会，以制造公司的“法统”。但1929年2月22日至23日召开的积余公司股东大会，又因召集程序不合法、出席人数未过半等原因遭到“股东代表”李孤帆的起诉。李国杰不得不再请律师进行应对。

赵、李互斗惊动了国民政府高层，李国杰拒不交出积余公司，也令国府整理招商局的命令受阻。国府文官处遂致电上海市政府，要求“督饬李国杰，将积余公司交出”。后者则复电称，“李以碍难照办为辞”拒不领命。文官处遂再电上海市政府，责其尽快勒令李国杰交出积余公司，“毋任抗延”。国民党上海特别市执行委员会也以“李国杰迭次抗令，不将积余公司交还招商局，此事有关政府威信”，通过决议：“请中央咨行国府，饬沪市府，限令该李国杰将积余公司全部产业交还该局，以重改令。倘再故违，应即依法严办。”

在这种种压力之下，李国杰不得不让步。1930年5月

5日，李国杰允将所管之全部积余公司簿据如数交出，而赵铁桥即派符矩存到该公司亲加点收，并正式接事。据说，李国杰“于交卸职务后，即行出局”。

1930年7月24日上午9时，赵铁桥在轮船招商局门前突然遇袭。其时，赵铁桥下了自己的专车，正在跨入招商局大楼，突然有数名暴徒从旁窜出，各出手枪，向赵狙击。枪响数声，赵中枪倒地，虽急送医院，但因伤重无法救治，遂即殒命。嫌犯虽然被缉获，并经法院审判，但终未找出李国杰的嫌疑。

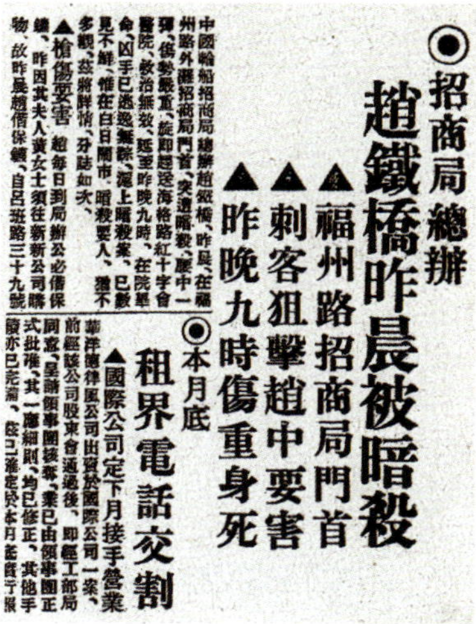
◉招商局總辦
趙鐵橋昨晨被暗殺
▲福州路招商局門首
▲刺客狙擊趙中要害
▲昨晚九時傷重身死

中國輪船招商局總辦趙鐵橋、昨晨、在福州路外灘招商局門首、突遭暗殺、腰中一彈、傷勢嚴重、旋即趕送海格路紅十字會醫院、救治無效、延至昨晚九時、在院畢命、凶手已逃逸無蹤、滬上暗殺案、已數見不鮮、惟在白日鬧市、暗殺要人、猶不多覯、茲將詳情、分誌如次、

▲槍傷要害 趙每日到局辦公必偕保鏢、昨因其夫人黃女士須往新新公司購物、故昨晨趙偕保鏢、自呂班路三十九號

◉本月底
租界電話交割
▲國際公司定下月接手營業

華洋德律風公司出賣於國際公司一案、前經該公司股東會通過後、即經工部局同意、呈請領事團核奪、業已由領事團正式批准、其一應細則、均已修正、其他手續亦已完備、茲已確定於本月[illegible]

赵铁桥遇刺的消息（《申报》1930年7月25日）

十五 归国营

赵铁桥遇刺之后，招商局不仅群龙无首，陷入一片混乱，而且“经费极形困难”。交通部部长王伯群一方面派航政司长蔡培暂为维持局务，另一方面呈请中央“速派专员正式负责办理一切”。1930 年 8 月 15 日，国民政府国务会议通过决议，任命上海电报局长陈希曾继任招商局总办，代行专员职权。陈经过调查之后，发现“招商局经济困迫，险象环生”，他自知“才能浅薄，骤膺巨艰”，所以坚辞不就。虽然中央各要人当面恳劝，“陈氏仍未变更辞意”。8 月 29 日，国民政府第 91 次国务会议复议决派交通部次长李仲公为轮船招商局新总办。但李仲公称病留沪观望。数日后，在交通部部长王伯群的劝导和支持之下，才勉强就任。

1930年9月13日，李仲公的就职典礼在轮船招商局举行，其仪式包括全体肃立、唱党歌、向国旗及总理遗像行最敬礼、恭读遗嘱、全体职员向新总办行贺任礼、监督训话、总办训话、来宾演说、摄影等环节。可见，其程序与政府官员就职并无多大差别。这也预示着国民政府对于招商局的管控程度未松反紧。

李仲公就职之际表示："本人以总办代行专员职权，虽负有整理经营全局之责，但本局根本性质，或为官办、商办，或官商合办，与官督商办，均须取决政府，本人不过采纳各方意见，奉行政府命令，负临时整理责任……因此，本人此来大部工作，就不能不集中于解救现状这一点，

◎小贴士

李仲公（1890—1978）：贵州人，早年毕业于北京国立法政专科学校，旋即赴日本研究政治经济。曾参加倒袁运动、护法之役，1924年赴粤参加国民革命，此后相继担任国民革命军第一军及东江绥靖委员会秘书长、潮海关监督、汕头交涉员、国民革命军总司令部秘书处长、江西临时政治会议委员、中央党部书记长、国民党中央党部秘书长、国民革命军军事善后会议秘书长和国军编遣会议秘书长、办理贵州善后特派员、贵州省政府委员兼民政厅长、交通部次长等职。李仲公的经历，决定了他方便与中央各关系部院磋商整理招商局之进行办法。

一俟整理稍告段落，即当退让贤路。”针对招商局的出路，他先是表示，“无论如何改革，股东权利定必维护，至谓抹杀投资利益，强收国有，此为决无之事。外间屡发生此种无稽谣言，使政府与股东间时有误会，盖亦阻碍局务发展之一原因也”。后来，又改变口吻，认为政府方面对于招商局自应于“收回国有”“代管”“官督商办”“官商合办”和“商办”五项办法中，选择其一。只有根本原则确定，办事方有依据。他这样表达个人意见：“商办既属于法未合，官商合办亦觉官商之立场不同、见地各殊，不易收圆满之效；官督商办试验结果，成绩亦不甚佳。以党的立场论，遵照总理遗训，惟有老老实实收回国有之一途。”

李仲公上任之后，“各种设施饶有生气，甚为各方所重视”。他还专门前往南京，向国民政府及主席蒋介石汇报招商局现状及其“根本改革计划”。国民党中央在听取了李仲公的汇报之后，通过了将该局收归“国营”的原则。

李仲公专门为国民政府的这一举措寻找历史论据，大谈“招商局之创办原为政府之拨款”，“招商局之维持及发展完全得于官款官力之扶持”，“招商局自开办以达宣统年间均由政府派员办理”，“招商局由官办改为商办系权贵营私自利之结果”，“招商局兴于官办而衰于商办”。他得出结论，该局“由创办维持以至扩充发展，莫不得力于政府之扶持，此时言收归国营，不过使其返回本来面目而已。故此次国府决定收归国营，一方面固以主义政纲为根据，一方面实深符招商局发展之历程，及今后事实之需要也”。

李氏不仅为招商局的“国营”出谋划策，而且积极协助国民政府开始实施。报载，李仲公“对于清理股权，筹还旧债，拟定国营办法，修改内政部章则，整理业务，开辟航线，进行颇为忙碌”。

不过，李仲公对于招商局内“股阀”“奸商”把持，“一任利削侵吞，无人得加过问，局事遂一败涂地”的批评，以及招商局“成功于官办，失败于商办之事实”的宣扬，未能得到广泛支持；加之国民政府整理招商局的顶层设计与推进较慢，李仲公几近独木，难支大局，便以“办事棘手”为借口，呈请辞职。国民政府遂改委长期在证券与银行界任职的郭外峰继任，对于招商局的经营方略，郭声明不便表态，决心“任事后抱定多作事少说话宗旨”。1931 年 5 月 11 日，郭氏举行了隆重的就职典礼，然后对招商局管理岗位进行了重新任命。

郭外峰履职之后，因船员罢航风潮，电请国民政府暨交通部辞职，交通部遂对该局管理机制进行变更。具体而言，设立监督处，“专任监督整理之责”，并委交通次长陈孚木担任监督；同时，设总经理处，“专任经营全局及执行监督处一切整理计划”。1932 年 2 月 26 日，交通部

漫画《招商局》(《金钢钻》1931年5月12日第2版)

委任该局董事长李国杰任总经理。至此，李国杰在沉寂年余之后，再次担任招商局管理大权。

李国杰此时的心情无疑非常复杂，因为他“自民十七以后，虽仍居本局董事长地位，对于局中一切用人行政无从过问，事事隔阂”。然而在相关人员“高谈整理声中，竟亦未料招商局之病状日趋沉重，至于此极也”。他重新出山之初，对于招商局的问题与出路做了非常沉痛的检讨，列出招商局的五项“最大之病”，从“债务”“营业”“用人”“船栈”和“产业”五个方面提出改革方案，并提出了“增进新资本”“吸收外资”“扩充国内航业”“开辟海外航业”“兴办海陆联运”“培植航业专才”六项具体计划。他以招商局“内行”和“元老”的资格，显示出对整顿招商局的信心与决心。

但李国杰的方案显然与国民政府的决策异大于同，李国杰基本上是在商言商，指望国民政府对于招商局先“救贫”，再“去病”。即在政府的主导下，加大各方面的资金投入，缓解招商局的债务危局，然后推行各项改革，扩大商局业务，帮助公司走出困境。而国民政府方面从一开始则是想着如何为招商局“去病”，其病大略有二：一为招商局对于国民党民生主义之“病”，一为招商局内部管理腐败之“病”。欲除此二病，只有实行“国营”。

1932 年 11 月 8 日，交通、财政两部会呈中央，建议招商局收归国营。行政院遂向中政会提出将招商局所有股票，由国家按照最近平均市价以现款收回，继承该局原有权利及合法债务，设置理事会、监事会与总经理，遴选各界声望素著人士充任，以期“彻底规划，造成近代企业”。1932 年 11 月 9 日，中政会第 331 次会议通过该案，并“着行政院令交通部拟定招商局组织法及整理计划，呈候核定”。交通部遂很快确定招商局的领导班子名单：总经理刘鸿生，常务理事叶琢堂、刘鸿生、史量才、张寿镛、张嘉璈、杜镛、杨英七人，理事胡笔江、李铭、王晓籁、钱永铭、余日章、张寅、胡筠庄、盛升颐八人，监事卢学溥、陈光甫、虞和德、胡祖同、秦祖泽、荣宗敬、黄金荣、金庭荪、郭顺九人，由行政院函达国民政府文官处，转呈明令简派。据说，此次招商局收归国营组织工作之所以得到实质性推进，除了交通部部长朱家骅的主导之外，与财政部部长宋子文的介入，及其与蒋介石的密商有很大关系。

在交通部等职能部门的推动之下，1932 年 11 月 15 日，国民政府在洛阳发出对于招商局收归国营的正式命令，“所有股票照三年平均市价，每套计三十两零六钱六分，拟定为每套现银五十两，由国家现银收回，以示优惠股东之意。并由政府继承该局原有一切权利及一切合法债务”。这次股票收购，国民政府财政部共出资 212.6 万余两，而当时招商局的实际资产高达 3300 余万两。

就在国民政府正式下令将招商局收归国营之际，前任总经理李国杰却面临一场牢狱之灾。原因是李在此前的总经理任上，擅自以中、北、华三栈码头作抵，与美国大来轮船公司、中国营业公司抵押借款超过三千万元，并出租有关码头，如此重大事项却不向交通部请示。正在招商局新旧领导班子交接之时，交通部部长朱家骅得悉这一消息，大为震怒，立即责令李国杰将相关合同与备忘录送部审查，并将此事向宋子文报告。

1932 年 11 月 13 日下午 2 点，行政院副院长宋子文在上海家中召集朱家骅以及招商局新任总经理刘鸿生，理事、监事秦润卿、胡筠庄、胡笔江、秦润卿、张啸林、杨英、杜月笙、王晓籁、盛苹臣、史量才、卢涧泉、叶琢堂、虞洽卿等交换关于招商局抵押三栈及出租码头事件之意见，因事态复杂，遂决定移会市政府，继续研究。随后在市政府召集该局的谈话会上，李国杰亦应邀列席。与会者一致认为“该项合同及租约情节重大，非经过相当时间之研究，不能解决”。李国杰自知问题严重，当众承认“手续错误”。会议结束之后，李国杰即失去自由，上海市政府于下午5时10分，奉令将李暂行监视，听候查办，遂由公安局局长文鸿恩“陪送至公安局暂行看押”。

1932年11月16日，中央政治会议第332次会议决定“李国杰违法借款决交行政院严办”。据参加完此次会议的宋子文向媒体透露：“招商局借款事，已交行政院办理，交部亦在积极处理中，所押四栈昨已收回；至取消合同，当不成问题，合同全文日内可公布。惟该合同既为前交次陈孚木正式签字，当难辞责，中央对此决彻查严究，现已去电嘱陈来京，以便咨询一切。”

宋子文提到的陈孚木是当时的交通部次长，兼任招商局监督，他在本次借款合同事件中负有监管不严之责，后又查明他在此事件中曾接受李国杰转交的美国公司70万两的“贿赂”，被一同追究法律责任。但陈孚木早已远遁香港，拒不接受传唤，且不承认自己有错。他发电给朱家骅，指责少数人“假国办之名”，对于招商局“巧取豪夺”，处理招商局押产借款之事，“必须依据公道”。后来，地方法院传陈至庭，陈置之不理，遭到通缉。

1932 年 12 月 27 日，上海地方法院一审判决李国杰有罪，“李国杰共同违背任务，致生损害于招商局，处有期徒刑二年，褫夺公权四年；又违背职务，交付贿赂，处有期徒刑二年，褫夺公权四年”。最后，决定执行有期徒刑三年，褫夺公权四年。

李国杰当然不服，在他看来，借款系为招商局摆脱困境之举，况且美国公司的 70 万两“定金”最终落入国民政府委派的招商局监督陈孚木之手，他自认为并无大错，遂向江苏高等法院提起上诉。因李本人仍在上海医院医治，江苏高院只得在上海地方法院开庭审理。该院经传唤中外证人，多次开庭，于 1933 年 6 月 5 日判决“李国杰意图为第三人不法之所有，侵占公务上持有物，处有期徒刑三年六月，褫夺公权五年”，并判决李赔偿招商局 70 万两。李仍不服，再延律师张一鹏向最高法院提起上诉。国民政府最高法院发回江苏高等法院重审，1934 年 12 月 21 日，江苏高等法院在上海地方法院开庭再审。经过数月的调查审理，1935 年 4 月 5 日改判李国杰有期徒刑一年二个月，附带赔偿招商局上海规元银 70 万两，并自 1933 年 4 月 28 日起至清偿之日止，赔偿周年 8 厘之利息。此后，招商局申请法院强制执行李国杰所持有的昌华铁矿公司 5 万元股票，以及珐蓝镶嵌宝英国马表一只，但因李已将其质押于四明银行，引起四明银行的异议而未能实现。1936年6月9日，李国杰由虞洽卿、李思浩保释而出，而招商局则继续请求法院判令其赔偿70万两。后来，此案“不知执行了多少次，李国杰始终推说没有财产”，其最终结果不得而知。1939年2月19日，李国杰在上海被刺身亡。

收归国营之后的招商局，在刘鸿生担任总经理期间，发挥理事会的作用，整理招商局债务，加强业务稽核，改善内外管理，废除买办制度，整顿航线与分局，自营内河航运，与胶济、平汉、陇海等铁路实行联运，使该局业务日臻发展。

国营招商局理事、监事对于招商局的整顿与发展多所擘画，但他们的设计方案因受政府制约难以完全实现，1936年初集体提出辞职，总经理刘鸿生也生去意，交通部挽留未果，遂对该局进行改组。1936年2月8日，国民政府发布命令，准予刘鸿生辞去招商局总经理之职，准予叶琢堂、张寿镛、张嘉璈、胡笔江等理事与常务理事，以及卢学溥、陈光甫、虞洽卿、荣宗敬、黄金荣等监事辞职。另委蔡增基为总经理，谭伯英、劳勉为副经理。

蔡、谭、劳均为优秀的技术型官员，对于他们接管招商局，中外各方给予高评。代理交通部部长俞飞鹏在训词中说道：“蔡总经理原为上海市政府财政局长兼土地局长，过去曾办铁路事业，对交通、财政经验丰富；谭副经理自德国返来，在上海市政府办理轮渡事业，起初资本仅数千元，今已扩充至百余万元，并任上海市兴业信托社经理，对航务甚为熟悉；劳副经理为铁道部专员，曾任北宁路局长、广东造币厂长等职。蔡、谭、劳三氏，今新任招商局总、副经理，交通部期望正殷……希望新任者专心办理招商局，不兼其他事业，俾集中自己力量，来发展招商局业务，将来成绩，预卜一定甚好。”《大美晚报》评论称：“上海市财政局局长兼土地局局长蔡增基及上海市兴业信托社经理谭伯英……被任为该局正副经理，实为中外商界、航政界所热烈欢迎，咸信在渠等领导之下，数十年来之招商局，得见一番新景象，其发展固可预料也。”《大陆报》亦有类似言论：“蔡氏在中外商界颇著盛名，早受中外人士之信仰，渠曾任本市财政局局长数年，在市财政极穷窘之际，市府收支得以平衡者，多赖蔡氏之力。自一·二八战事发生后，市库收入减少，而战后复兴事业及市中心区之建设，需款尤多，惟蔡氏策划应付，各项事业，得以先后举办。数月

招商局总经理蔡增基与副经理谭伯英（《东方杂志》第33卷第5期，1936年）

前且兼任本市土地局局长，自任职以来，对于整顿该局局务，不遗余力，以前一切恶习尽力革除，而于各项新办法复多发表，并酌量采用，空气焕然一新。此次出长招商局，对于该局政策，当有一番贡献。”

1936 年 2 月 10 日，招商局举行了隆重的新任领导班子就职典礼，代理交通部部长俞飞鹏出席训话，蔡增基等高举右手进行宣誓：“余敬宣誓，余恪遵总理遗嘱，服从党义，奉行法令，忠心及努力于本职，决不妄用一钱，妄用一人，并决不营私舞弊，及接受贿赂。如违背誓言，愿受最严厉之处罚。”

蔡增基等人履任之后，在交通部的支持下，对招商局进行了大规模改革，包括通过考试选留人才，裁汰冗员，

◎小贴士

蔡增基（1890—？）：广东香山县人，1890 年出生于美国檀香山，毕业于美国哥伦比亚大学。先后担任交通部铁路管理处处长，财政部金融监理局局长，粤汉铁路管理局局长，交通部路务司司长兼沪宁、沪杭甬两路管理局局长。在任期间，“力谋工人利益”，对于薪工微薄之员工普遍给予加薪，而且“铲除积弊，整顿路务，不遗余力”。后又任铁道部驻欧特派员，杭州市市长，上海市政府财政局局长兼营业税征收处处长、土地局局长等职，属于国民政府交通领域的技术官僚。

废除买办制度；取消茶房，改用服务生；规范售票制度，加强查票工作；整顿船上秩序，改善船舱卫生条件；推行职工训练，等等。从而使招商局管理经费大为节省，管理效率明显提升。1936年，招商局全年营业收入1111万余元，比前三年中收入最高的1935年度增加了180万元。

抗日战争爆发之后，招商局为了国家与民族利益，不惜沉船阻敌，先后在长江要塞江阴、马当、宜昌、镇海等地沉船24艘，共计34520吨，占到该局总吨位的40%。仅在江阴要塞就沉船7艘，总计13706吨，约占江阴沉船总吨位的三分之一。在马当沉船4艘，占当地沉船数三分之一强；在上海、镇海、龙潭、宜昌等处沉船中，招商局均占多数。其“沉船塞江工作，曾以处置迅速，叠蒙海军部及军政部之嘉许”。这些行动充分表明，轮船招商局等中国轮船公司“深明大义，慷慨应征，为了拯救民族危亡，

◎小贴士

谭伯英（1895—1976）：1895年生于江苏泰州，也是一位交通运输工程专家。先后任上海市公用局交通科长、代理局长，轮渡总管理处处长，兴业信托社经理等职。在担任轮船招商局副经理年余之后，转岗国民政府公路管理机构。担任交通部滇缅公路运输管理局局长期间，主持修筑滇缅公路，为中国抗战做出重要贡献。

不惜作出重大牺牲，相继献出了大量船舶，应该说，这是抗日战争中悲壮的一幕”。

在协助沿海文教机构、企事业团体内迁和运输四川等省军队出川抗战方面，招商局亦贡献良多。据统计，1937年8月至1939年10月，轮船招商局共运送旅客308225人次、难民51357人次、军队525700人次、伤兵55830人次，运送马匹2528匹、军需品198277吨、公用物资88020吨、商货191895吨。该局联合民生轮船公司等中国航运企业完成了中国抗日战争史上的“敦刻尔克大撤退”。

在艰难的内迁过程中，招商局遭受了惨重的损失，正如该局总经理徐学禹所言：“抗战的初期，这些轮船在完成了军公民运的任务后，炸损的炸损，失陷的失陷，沉塞要塞的更永沉江底了，最后仅剩了六艘江轮，冒着水急滩多的三峡之险，创造了川江航行的纪录。经过一年多的时间，居然带着敌人炮火所赐的遍体创痕，安然撤退入川……入川后，依然得不着安全，‘江建’在二十九年九月间被敌机炸沉于巴东台子湾；‘江华’复在三十年八月间在万县被炸。‘江建’被炸沉后，打捞了两年之久，才勉强开到重庆。‘江华’被炸焚烧，全部木材设备烧光不算，铁板角铁也烧得凹凸弯曲，不平不直。此外，‘江安’‘江顺’‘江新’‘江汉’也因为终年停泊不动，起初又因经费无着，年久失修，以致战时所受的创伤，不仅未能医治，反而情势益见严重。”据估计，招商局抗战内迁，局产损失超过三分之二。

即使损失如此重大，招商局也尽量因陋就简，想方设法开辟川、鄂、湘等省内河航线，并与民生公司等机构协作，开展水陆空联运，成为抗战后方主要的交通运输机构，在保障后方军事战略物资供应和民用基本物资运输方面，厥功至伟。

十六　迎新生

抗战胜利之后，招商局由重庆迁往上海，内地分局及办事处也陆续恢复。截至1946年底，招商局在沿海与沿江地区恢复或新建了18个分局、11个办事处，还在越南海防、泰国曼谷、缅甸仰光和菲律宾马尼拉四地设立了代理处，重新构建了庞大的航运版图。随着对敌伪产业的大量接收，轮船招商局在复原的同时急速膨胀。该局总经理徐学禹被委任为全国船舶调配委员会秘书长，该局在政企合一方面的优势得到了充分的体现，不仅在接收敌伪轮船，而且在承领政府采购轮船方面均获较大便利。1947年在创办75周年之际，轮船招商局举行了盛大的庆祝活动，该局对外声称，共有轮船466艘、326855吨。各分局或业务代理点包括南北洋线上的宁波、温州、福州、基隆、高雄、厦门、汕头、香港、广州、海州、青岛、烟台、天津、秦皇岛、

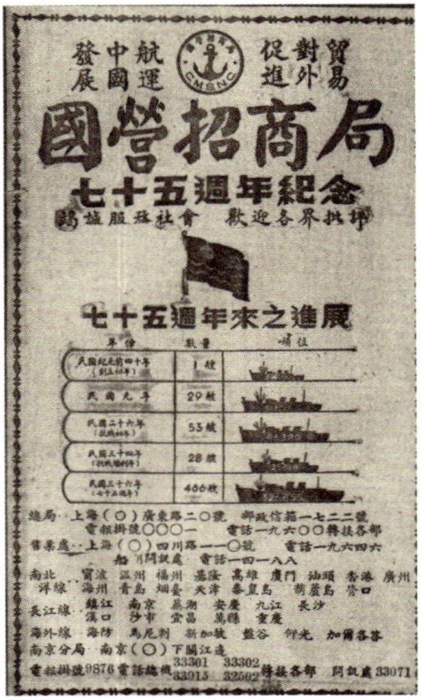

轮船招商局成立七十五周年宣传广告（《中央日报》1947 年 12 月 16 日第 1 版）

葫芦岛、营口，长江线上的镇江、南京、芜湖、安庆、九江、长沙、汉口、沙市、宜昌、万县、重庆，以及海外的海防、马尼拉、新加坡、曼谷、仰光、加尔各答，共计 33 处。次年 9 月招商局改组为公司，进行资产评估，该局共有各种类型的船舶 469 艘。其中，抗战胜利前原有之船 27 艘，抗战胜利后添购之船 4 艘，国民政府向国外价购后拨交该局使用之船 146 艘，接收敌伪之船 292 艘，公司总资产达 6 亿元。

该局虽然急速膨胀，但管理却未能跟上，“致遭各方指摘”。主要表现在客船黑票盛行，货船偷漏严重；船员走私，职员贪污；企业内部管理混乱，轮船事故频发等方面。1948 年 12 月 3 日，招商局“江亚”轮在吴淞口外失事沉没，罹难乘客超 3000 人，仅最初 17 天就捞尸 1276 具，堪称中国“航业史上空前惨剧”。“江亚”轮被难家属联名具呈上海地检处，控告招商局董事长刘鸿生、总经理徐学禹、船长沈达才，有过失杀人罪嫌疑，请求地检处本人道立场，予以侦查起诉，“以慰数千屈死冤魂”。刘鸿生“处境颇感困难”，不得不请辞招商局董事长之职，代其职务者为原总经理徐学禹。

血淋淋的事實‥陰森森的故事

江亞輪慘案的真相與內幕

血淚交織底控訴＼

本書係親身經歷，目睹慘狀之脫險旅客所作，故對此次慘案之真相，爆炸之原因，以及徐學禹之過去與現在，知之甚詳。願將所知供諸社會，以給關心慘案人士之參考，並藉此紀念三千餘位無辜遇難的同胞

究竟誰是慘案的罪魁禍首這本書裏給你揭曉

一，從徐學禹說起

二，江亞輪爆炸的真相與內幕

三，脫險旅客目擊記

四，被難同胞的訴狀

五，江亞輪事件的善後

前因後果．原原本本

有情有節．有血有淚

一月一日出版．一

关于“江亚”轮事故的控诉（上海《大公报》1949年1月1日第14版）

“江亚”轮事故暴露了招商局管理混乱的积弊，时人曾以《招商局混账》为题发表评论指出：“从‘江亚’轮事件来看招商局，可说它已暴露了唯利是图、上行下效的本来面目。我们不相信，这样的航海事业，竟为见‘利’忘义，让这批类官僚的人来办航业，不顾行驶安全，更没有尽到为旅客服务的责任。”

人選派定和談有望

招商局混賬

從江亞輪事件來看招商局，可說它已暴露了唯利是圖，上行下效的本來面目。我們不相信，這樣的航海事業，竟為見「利」忘義，讓這批類官僚的人來辦航業，不……

《招商局混账》(《群言》第34期，1949年3月12日)

在时人看来，“江亚”轮事故的发生，“决不是偶然的事”，该局事先未曾顾及航行安全问题，惨剧发生之后，又想方设法推诿责任，使灾难的后续伤害进一步扩大，造成了极为不良的社会影响。

招商局的命运与战后国民党的进止密不可分。国民政府为增加国库收入，并配合币制改革之需，决定出售国营事业资产，先以国营招商局开其端。于是，国营招商局在1948年10月1日被改组为“招商局轮船股份有限公司”，全部资产金圆券6亿元，除3亿元移充金圆券发行准备外，其余半数发行股票，向民间出售。与招商局一起发售股票的还有中纺公司、台湾糖业公司、台湾纸业公司、天津纸浆公司，均为国民政府辖下“设备最佳、营业最甚，而前途最有希望之生产或建设事业”，在当时称为“国营五大事业股票”。但实际上，民间对于国民政府信心渐失，尤其是以发行金圆券为手段的币制改革，使民众未蒙其利，多受其害，所以招商局等国营事业的股票在市场并不受欢迎，认购者寥寥，国民政府干脆将招商局股票分配给交通部等机关以及招商局各级管理人员。可见，这是一次很不成功的股改运动。

随着国共战局大势已定，国民党开始考虑撤往台湾，作为其主要“国企”的招商局，1949年4月30日由董事会决定在台湾设立总管理处，其在上海管理机关则改为分公司。董事长徐学禹催促招商局所有船产尽快迁台，总经理胡思渊坚持留在上海守护局产。最后实际撤至台湾的招商局轮船共95艘，计24.6万吨，其中海轮80艘，占该公

招商局“海辽”轮（招商局集团档案馆提供）

司原有海轮总数的81%。1949年5月27日上海解放，军管会航运处接管了具有77年历史的轮船招商局在沪产业，在大陆的其他各分局与办事处也相继被接管。后来根据中央的决定，招商局总公司改称中国人民轮船总公司，各分支机构分别改为分公司或办事处。

在招商局被人民政府接管之际，招商局在香港尚积存了大量的船产，成为国共争夺的对象。在中共党组织的领导与帮助下，1949年9月19日由香港开往汕头的“海辽”轮全体船员起义，1950年1月15日以汤傅篪、陈天骏为首的香港招商局600多名员工带领13艘海轮正式宣告起

香港招商局（招商局集团档案馆提供）

义，香港招商局升起了五星红旗。

由于香港招商局于1949年2月10日已在香港注册领照，所以当国内招商局改名之时，香港招商局考虑到名称改易手续繁难，故请求“暂时仍沿用原名，以杜纠纷”，中国人民轮船总公司复函同意，于是“招商局”的名称得以保留，成为中国企业界“百年老店”中的金字招牌。

在交通部的直接领导下，招商局不断完善设施，扩展业务，尤其是内地中转货运量成倍增长。党的十一届三中全会之后，在国务院批准的“以航运为中心，立足港澳，背靠内地，面向海外，多种经营，买卖结合，工商结合”的经营方针指导下，招商局在多元化投资方面发展很快。1985年11月，招商局轮船股份有限公司与蛇口工业区等十多家骨干企业以及众多全资附属企业组成招商局集团，招商局进入了多元化与国际化的发展时期。目前的招商局集团是中央直接管理的国有重要骨干企业，是香港四大中资企业之一。截至2019年底，集团总资产9.1万亿元，实现营业收入 7144 亿元，利润总额 1631 亿元，净利润 1266 亿元，利润总额、净利润和总资产在中央企业中均排名第一。2019 年，招商局和旗下的招商银行再次入围《财富》发布的世界 500 强企业榜单。

主要参考资料

一、著作

张国辉：《洋务运动与中国近代企业》，中国社会科学出版社1979年版

夏东元：《郑观应传》，华东师范大学出版社1981年版

张后铨主编：《招商局史》（近代部分），人民交通出版社1988年版

交通部财务会计司、中国交通会计学会组织编写：《招商局会计史》，人民交通出版社1994年版

李玉：《晚清公司制度建设研究》，人民出版社2002年版

张忠民：《艰难的变迁——近代中国公司制度研究》，上海社会科学院出版社2002年版

虞和平等主编：《招商局与中国现代化》，中国社会科学出版社2008年版

胡政主编：《招商局与中国港航业》，社会科学文献出版社2010年版

黎志刚：《黎志刚论招商局》，社会科学文献出版社 2012 年版

刘广京著，黎志刚编：《刘广京论招商局》，社会科学文献出版社 2012 年版

朱荫贵：《朱荫贵论招商局》，社会科学文献出版社 2012 年版

黄振亚：《长江大撤退全景实录》，广东人民出版社 2013 年版

胡政等主编：《招商局历史与创新发展》，社会科学文献出版社 2018 年版

二、资料集

蔡增基著述，冯璇译：《蔡增基回忆录》，招商局编印

孙毓棠编：《中国近代工业史资料》第一辑，科学出版社 1957 年版

汪敬虞编：《中国近代工业史资料》第二辑，科学出版社 1957 年版

夏东元编：《郑观应集》上册，上海人民出版社 1982 年版

聂宝璋编：《中国近代航运史资料》第一辑，上海人民出版社 1983 年版

夏东元编：《郑观应集》下册，上海人民出版社 1988 年版

汤志钧主编：《近代上海大事记》，上海辞书出版社 1989 年版

聂宝璋、朱荫贵编：《中国近代航运史资料》第二辑，中国社会科学出版社 2002 年版

胡政主编:《招商局与重庆——1943—1949年档案史料汇编》，重庆出版社2007年版

胡政主编:《招商局画史——一家百年民族企业的私家相簿》，上海社会科学院出版社2007年版

陈玉庆整理:《国民政府清查整理招商局报告书》，社会科学文献出版社2013年版

陈旭麓、顾廷龙、汪熙主编:《盛宣怀档案资料选辑之八·轮船招商局》，上海人民出版社2016年版

李玉主编:《〈申报〉招商局史料选辑（晚清卷）》，社会科学文献出版社2017年版

三、相关文章

汪敬虞:《十九世纪外国侵华企业中的华商附股活动》，《历史研究》1965年第4期

李玉:《曾国藩与中国近代科技人才》，《贵州师范大学学报》1994年第3期

李玉:《十九世纪八十年代初上海股市风潮对洋务民用企业的影响》，《江海学刊》2000年第3期

李玉:《洋务民用企业的公司性刍论》，《南京大学学报》2000年第4期

李芳:《李仲公其人其事》，《贵州文史丛刊》2009年第1期

李玉:《试论晚清政府的“失信”:从上海股市到“保路运动”》，《四川大学学报》2011年第6期

李玉:《晚清对官督商办企业的批判》，《南方都市报》2016

年 1 月 27 日

李玉：《〈申报〉中的轮船招商局词频研究》，《国家航海》第 19 辑，上海古籍出版社 2017 年版

李玉：《论招商局能得人》，《南方都市报》2018 年 3 月 20 日

李玉：《〈申报〉所见晚清招商局之账目公开》，《安徽史学》2020 年第 2 期

四、电子资源

爱如生《申报》数据库

爱如生《明清实录》数据库

上海图书馆《全国报刊索引》数据库

招商局史研究网

后 记

百年名企轮船招商局故事非常多，也非常精彩，这本小册子只能围绕招商局经营机制中的一些上层“故事”略做铺陈，以期呈现该局从“官督商办”，到“商办”，再到“国营”的脉络，意在对招商局百年官商关系进行大致梳理，但相关情节未能展开，而且行文疏漏多多，尚请读者鉴之，识者正之。

感谢招商局档案馆樊勇馆长、康苗苗馆员提供珍贵图片，感谢南京出版社卢海鸣社长、徐智编辑的帮助；在助我研究招商局史方面，该感谢的还有很多，恕不一一列名。

李 玉